8 Lk 7 8170

Reims
1837

Anonyme ou Collectif

La chronique de Rains

L K⁷ 8170

LA
CHRONIQUE DE RAINS.

LA
CHRONIQUE DE RAINS

PUBLIÉE

SUR LE MANUSCRIT UNIQUE DE LA BIBLIOTHÈQUE
DU ROI

Par Louis PARIS,

ARCHIVISTE DE LA VILLE DE REIMS;
MEMBRE DE LA SOCIÉTÉ ROYALE DES ANTIQUAIRES
DE FRANCE.

PARIS.

TECHENER, PLACE DU LOUVRE, N° 12.

1837.

Reims. — Imprimerie de L. JACQUET, rue et place Royale, 1.

LETTRE

A

M. LE MAIRE

ET A

MM. DU CONSEIL DE LA VILLE

DE REIMS.

Messieurs,

Vous voulez bien me permettre de vous parler d'une certaine chronique déjà citée par quelques journaux sous le titre de *La chronique de Rains*, et dont je prépare la publication. Avides de tout ce qui touche à l'histoire de votre ville, de l'antique et célèbre cité du sacre, vous avez fait réunir sur les rayons de votre bibliothèque publique et les

Mémoires historiques d'Edme Baugier, et l'*histoire des Comtes de Champagne* attribuée à Levesque de la Ravalière : le *Dessein de l'histoire de Reims*, de Nicolas Bergier, (le savant auteur de *l'histoire des grands chemins de l'empire romain*) et l'histoire latine, bien ample et bien utile de dom Marlot, dont vous avez aussi le *Théâtre d'honneur :* puis les trois volumes in-12 d'Anquetil : la *Description historique et statistique* de M. Géruzez : vous avez les *Grands hommes de Champagne*, de Pons Ludon, de grotesque et facétieuse mémoire : vous avez les publications de MM. Jacob-Kolb, Camus-Daras, Povillon-Piérard, et autres érudits compatriotes : toute la collection des Almanachs rémois, des notices biographiques, des tableaux statistiques, des plans, des cartes, des atlas, enfin tout ce qui a pu être écrit sur la ville de Reims : et pourtant il vous manque *La chronique de Rains !* Chronique inédite fort curieuse, et pour laquelle j'ose aujourd'hui réclamer l'honneur de vos suffrages.

Il est vrai que, pour faire apprécier au public ce curieux monument de notre ancienne littérature, il me faudra vaincre l'antipathie qu'inspire peut-être le vieux langage du XIIIe siècle : il me faudra surtout combattre et diminuer de beaucoup certaines admirations passionnées pour les travaux historiques de nos modernes travailleurs. On professe une si haute estime pour les intelligences et les *hommes d'art* de notre époque, qu'il devient difficile de louer les contes naïfs et sans art d'un contemporain de Philippe-Auguste et de Saint Louis. — Moi-même, je reconnais aux historiens du XIXe siècle des qualités que l'auteur de ma chronique était loin de posséder ; j'avoue que Joinville et Ville-Hardouin, Froissard et Comines n'avaient pas les talents qui font estimer l'historiographe d'aujourd'hui. C'étaient de bonnes gens qui disaient ce qu'ils avaient vu, ce qu'on leur avait dit, ce qu'ils savaient ; qui coordonnaient leurs récits, y jetaient la couleur et l'intérêt qu'ils pouvaient ; qui se passionnaient pour la valeur, la loyauté, les beaux faits d'armes, en même temps qu'ils flétrissaient la cruauté, le mensonge et la perfidie ; mais tout cela sans intérêt personnel, sans prétention philosophique, et surtout sans système. Aujourd'hui, ces moyens vulgaires ne conviennent pas, ne suffisent plus du moins. Il faut, comme disent naïvement ces Messieurs, un style brillant, chaleureux, figuré, pittoresque ; il faut qu'un écrivain, d'un regard d'aigle, embrasse toutes les questions, domine tous les faits, les apprécie dans leurs causes et dans leurs conséquences : il faut qu'il leur donne une physionomie nouvelle, inattendue, systématique : car, disons-le vite, un historien doit, avant tout, avoir un système; il doit savoir subordonner toute la moralité, tout l'enseignement de l'histoire à ce système, bon ou mauvais, et pouvoir, au besoin, l'appliquer à tous les peuples, à tous les temps. C'est là ce que, de nos jours, on appelle sentir un sujet, le creuser, l'approfondir, faire de l'histoire, en un mot. Cette manière de monopoliser le passé au profit d'une idée, semble bien quelque peu surprenante. On conçoit difficilement que, sans égard aux temps, aux degrés de latitude, on puisse mesurer toutes choses au même compas, à la même échelle de réduction. Que Bossuet, enfermant l'humanité dans l'inflexible cercle tracé par la main puissante de Dieu, plane à son gré sur les hauteurs de l'histoire et nous prouve que c'est à la Providence et non point aux hommes à disposer du destin des générations : qu'il nous peigne les peuples comme les jouets d'une volonté supérieure et semblables aux flots impétueux du torrent, se laissant entraîner par une force d'impulsion dont nulle puissance humaine ne peut diriger ou suspendre l'action, voilà ce qu'on peut admirer et comprendre, et la raison n'est point choquée d'un pareil système ; mais on sait que ce n'est point celui-là qu'adoptent nos historiens philosophes.

Et puis, il faut reconnaître autre chose, c'est que, malgré leur habileté, leur prétention à définir les époques, à deviner les énigmes de l'histoire, nos jeunes maîtres ont vu pâlir la lueur de leur intelligent flambeau sans résoudre les questions les plus importantes de l'état social. Pour la plupart d'entre eux il n'y a toujours à faire qu'une histoire, celle de l'influence monastique. A les en croire, on ne verrait en France, jusqu'au XVIIIe siècle, que l'empire monacal : des miracles et des enfans de chœur : des bedeaux et du plain-chant. Il y a toutefois dans l'esprit de la société française, aux diverses époques de la monarchie, autre chose à observer. Nous a-t-on dit, par exemple, l'état de la société sous la première race? On voit la noblesse grande et forte au XIIe siècle; mais antérieurement, nous a-t-on dit tout sur son influence, son caractère et ses priviléges?—Sur la condition des femmes? la propriété et ses garanties? sur l'esclavage et l'affranchissement? la bourgeoisie! le peuple enfin?—Questions graves et non complètement résolues, sur lesquelles nos historiens moralistes passent à grande hâte: époque d'ignorance et de barbarie, disent-ils, parce qu'ils n'ont su ni l'étudier ni la comprendre. Il faut donc avouer que, malgré la haute intelligence qui les distingue, nos imberbes historiens n'ont pas tout approfondi, et que, loin de se rendre les interprètes des temps qu'ils se chargent de peindre, on trouve chez eux peu de traits qui personnifient et qui caractérisent. Tous leurs récits ont la même couleur. Ils disent du même style et le VI° et le XII° siècles, et le règne de François I°° et le règne de Louis XIV.— Les chroniqueurs procèdent autrement. Chacun d'eux parle le langage de son siècle, et peint les hommes de son temps. Grégoire de Tours n'écrit pas comme Joinville, ni celui-ci comme Froissard, qui diffère à son tour de Brantôme ou de Sully.

Ce n'est pas que je veuille assurer que les chroniqueurs soient toujours des guides sûrs : ils se trompent souvent, mais du moins, c'est sans vouloir tromper le lecteur : ils ont leurs préjugés, leurs passions; mais ils ne les déguisent point sous un vain étalage de mots et de figures, à l'aide d'une logique astucieuse, d'une dialectique pleine de sophismes. Il y a de la candeur dans leur ignorance, de la conviction dans leurs croyances, de la bonne foi dans leurs préjugés; ils sont surtout l'expression de leur siècle, et s'ils s'égarent enfin, le lecteur ne court pas le risque de se perdre avec eux.

Tout ce que je viens d'exprimer en faveur de nos premiers annalistes peut singulièrement s'appliquer à l'auteur de *La chronique de Rains*. Il serait donc surprenant qu'elle ne fût point accueillie par ceux-là surtout qui lisent avec tant d'empressement les Mémoires du cardinal de Retz, les historiettes de Tallemant des Réaux, les lettres de madame de Sévigné et autres livres qui ne sont, comme *La chronique de Rains*, que l'expression et l'histoire du temps où ils ont été écrits.

Mais, dira-t-on, comment se condamner à l'étude d'un style si rude, d'expressions si étranges, d'un langage si barbare! — Exilé chez les Sarmates, l'auteur des *Tristes* et de *l'Art d'aimer*, se voyait aussi traité de barbare à cause de son langage :

Barbarus hic ego sum, quia non intelligor illis!

Disait Ovide. Eh bien! voilà ce que pourrait dire, l'auteur de *La chronique de Rains*, s'il pouvait voir le mépris qu'on professe aujourd'hui pour sa langue, qui fut celle de Philippe-Auguste, de la reine Blanche et du roi Thibaut; de la langue française, en un mot, qui, de son temps, était déjà celle du monde civilisé, celle des rois, des guerriers et des belles, ainsi que nous l'apprend le poète Adenès, contemporain de notre chroniqueur :

» Tout droit à celui temps que je ici vous dis,
» Avait une coutume ens el *Tyois pays* [1]
» Que tout li grand signor, li comte, li marchis
» Avoient, à l'entour aus, gent Françoise, tous dis [2]
» Pour apprendre françois leur filles et leur fils.
» Li rois et la roïne et Berte o le cler vis [3]
» Sorent près d'aussi bien le françois de Paris
» Com se il fussent nés el bour à Saint-Denis.

Je sais bien que, si je prouve que la langue française du XIIIe siècle était plus répandue en Europe que ne l'est aujourd'hui celle du XIXe, on me fera tout aussi bon marché du goût et de la civilisation que de la littérature de cette époque. Toutefois qu'on me permette un dernier effort : Le plus bel éloge qu'on ait pu faire de l'Iliade, n'est-ce pas de comparer cet ouvrage, sous le rapport du style et de la grandeur des images, aux livres saints? Or, de toutes nos littératures, quelle est celle qui se rapproche le plus du style biblique? n'est-ce pas la littérature du moyen-âge? écoutez là-dessus ce que disait, dans un de ses numéros, un journal étranger, la *Revue d'E-dimbourg* : « Bien que la langue française n'ait

[1] Le *tyois pays*, le pays des Teutons, l'Allemagne.
[2] *Tous dis*—toujours—dis du latin *dies*.
[3] *O le cler vis*—Au brillant visage.

» jamais été propre à l'épopée[1], le style de Joinville
» et de Froissard s'accorde mieux assurément que
» celui de d'Alembert et de Diderot avec le langage
» de l'Iliade. » C'est l'opinion des étrangers et surtout des Anglais, des Allemands et des Suédois qui lisent et recherchent notre ancienne littérature, et qui s'accordent avec les rédacteurs de la *Revue d'Edimbourg* pour proclamer la langue du XIIIe siècle une langue pleine de souplesse, de rhythme, de grâce et d'énergie.

Mais ce que nous autres Français ne voulons point comprendre, c'est qu'à l'époque dont je parle, notre pays pût avoir une civilisation, des arts, une littérature! Etrange contradiction! au pied des magnifiques basiliques dont le sol de notre vieille France s'enorgueillit encore, vous confessez le grandiose, l'infini des conceptions artistiques du moyen-âge; et vous voulez que cette admirable architecture se soit montrée seule et sans aucun rapport avec les idées littéraires de son siècle! Vous avez trouvé quelques expressions laudatives pour cette noble et brillante chevalerie qui s'élance au-devant des aventureux exploits, qui fonde un empire en allant

---

[1] Cette assertion est complètement démentie par les exhumations que l'on fait tous les jours dans la vieille littérature épique de la France.

délivrer le tombeau de son Dieu, et vous ne pouvez admettre que ces héros aient eu, comme d'autres, leur Tyrtée, leur Xénophon !... Pompée, César, Auguste n'étaient-ils pas les contemporains des plus grands génies, des plus habiles artistes qu'ait vu naître la gloire romaine ? Le siècle de Périclès, comme celui de Louis XIV, ne fut-il pas l'époque du développement de toutes les plus nobles facultés de l'intelligence ? et vous supposez que celui de Philippe-Auguste et de Saint Louis, auquel se rattachent tant d'illustres guerriers, tant d'ingénieux artistes, a manqué de poètes, de philosophes et d'écrivains! Tout cela est aussi peu juste que peu conséquent. Quant à moi, je persiste à ne pas accuser la pauvreté et l'insuffisance d'une langue qui peut exprimer avec un égal bonheur les plus fortes pensées et les plus vifs sentimens, d'une langue qui sait colorer les détails, peindre les caractères, animer les récits et rendre sensibles les nuances les plus délicates. Je ne m'aviserai pas non plus de me plaindre de la précision et de la rapidité d'un récit, quand le terme est partout juste et complet, expressif et chaleureux.

Tel est, en vérité, Messieurs, le caractère de *La chronique de Rains*, précieux monument de notre histoire et de notre littérature au XIIIe siècle.

Tout dans cet ouvrage est miroir naïf et peinture fidèle des mœurs et des hommes du temps. En le lisant, on se croit revenu à l'époque si brillante de chevalerie, de combats et d'amoureuses aventures. L'auteur suit dans leurs expéditions les princes et les chevaliers; il voit et décrit les lieux où se passent les événemens, cite les héros et les traîtres, ne se laisse pas trop préoccuper de sentimens haineux ou bienveillans; il loue, blâme alternativement, sans jamais oublier qu'il est Français et qu'il écrit pour des Français.— Dans *La chronique de Rains* se trouvent des détails empreints de la grâce la plus exquise, puis des récits de la plus haute importance, qui servent à redresser ou à compléter l'histoire du temps : de ce nombre, sont les citations faites dans le *Romancéro français* : le chapitre relatif à Philippe-Auguste, déjà publié dans *Vieille France et jeune France*, par le savant M. Rey; divers extraits qui se trouvent sans indication de titre, dans la *Bibliographie des croisades*, de M. Michaud. Puis, entre un grand nombre d'autres aussi curieux, le passage qui confirme un fait fort contesté jusqu'ici, l'histoire de Blondel-le-ménestrel et du roi Richard. Tout le monde a dans la mémoire les vers de la célèbre romance

O Richard ! ô mon roi ! etc.

Quelques historiens ont pourtant mis le dévouement du généreux trouvère au nombre des contes faits à plaisir par les romanciers du temps. Rapin Thoyras, en racontant l'histoire de la captivité du grand roi Richard, ne daigne pas même faire mention du ménestrel. — *La chronique de Rains* rétablit les faits dans leur véritable jour et de la manière la plus piquante et la plus honorable pour la mémoire du généreux Blondel.

Mais je m'aperçois, Messieurs, que, malgré la longueur de ma lettre, je ne vous ai pas encore dit pourquoi je donnais à cet ouvrage le titre de *La chronique de Rains*. Ceci demande en effet une courte explication.

En ma qualité de Bibliothécaire-Archiviste de la ville de Reims, je voudrais bien vous dire que j'ai fait la découverte de ce curieux fragment historique dans un manuscrit oublié de notre bibliothèque, ou mieux encore parmi ces précieuses et innombrables archives monastiques, qu'il y a peu de jours, fort de votre concours et de l'autorisation de MM. les Ministres de l'Intérieur et de l'Instruction publique, j'ai été assez heureux pour faire réintégrer dans votre cartulaire. Il serait fort glorieux, sans doute, pour la bibliothèque de votre ville de fournir à l'histoire générale et à la littérature du XIII° siècle un

monument de cette importance : malheureusement il n'en est rien. Le manuscrit qui m'a fourni l'ouvrage en question appartient à la bibliothèque du Roi : il est du XIIIᵉ siècle, et porte le n° 454, (fonds de Sorbonne). Sous le titre, (à la couverture) de *Suite du Roman de Cléomades*, ce manuscrit contient diverses pièces tant en vers qu'en prose : notre chronique s'y trouve confondue sans aucune espèce d'indication. M. Michaud est le premier qui en ait eu connaissance et qui en ait donné un extrait, dans sa *Bibliographie des croisades*, sans désigner l'ouvrage par aucun titre spécial et sans l'avoir assez lu pour en apprécier l'importance. Mon frère, l'un des conservateurs de la bibliothèque du Roi, est le seul qui en ait senti et signalé tout l'intérêt. C'est lui qui, frappé des nombreux faits que l'auteur rapporte à l'honneur de la ville de Reims, n'a point hésité à donner à l'ouvrage le titre de *La chronique de Rains*. « Nous l'avons appelée, dit-il,
» *La chronique de Rains*, parce que les détails
» minutieux qu'on trouve dans ce curieux mo-
» nument sur l'échevinage de Reims, le sacre des
» rois et les démêlés de l'archevêque Henri de
» Braine avec les bourgeois, ne peuvent se ren-
» contrer que chez un historien du diocèse, sinon
» de la ville de Reims. » (*Romancéro français*).

Nous avons tout lieu de considérer comme unique en France le manuscrit de *La chronique de Rains:* mais notre ami, M. Francisque Michel, dans les laborieuses et savantes recherches auxquelles, l'année dernière, il s'est livré en Angleterre, paraît en avoir découvert un second exemplaire au Musée Britannique; c'est du moins ce qu'il semble indiquer à M. le Ministre de l'Instruction publique, dans son *Rapport sur les anciens monumens de l'histoire et de la littérature de la France, qui se trouvent dans les bibliothèques de l'Angleterre.*

Je desire vivement, Messieurs, que les courts détails dans lesquels je viens d'entrer, suffisent pour vous donner une idée du caractère et de l'importance de l'ouvrage que je me permets de faire paraître sous vos auspices.

Veuillez agréer, Messieurs, l'hommage de mon profond respect.

Louis PARIS.

Reims, août 1836.

LA CHRONIQUE DE RAINS.

CHAPITRE I.

Coment li rois Loeys prit à feme la ducoise Elienor, puis la repudia pour espouser Aélis de Champaigne. Si trépas le roi Loeys et couronnement le roi Phelipe.

Des puis celle heure que Godefrois de Buillon et la baronie de France orent conquis Antyoche et Jhérusalem et il orent remis la Chrestienté dedans, qui par lonctans en avait esté fors mise, n'orent chrestien victoire en la terre de Surie contre Sarrasins, fors seulement d'Acre qui fut reconquise au tans Salehedin et au tans le roi Phelippe : et le conquist li dus de Venisse qui estoit avcules.

Si avint, un tans après la mort Godefroi et le roi Baudoin, son frère (qui furent roi de Jhérusalem li uns après l'autre), qu'il ot un roi en France qui ot nom *Loeys li Justicieres* (1) : et pour cose ot non li Justicieres que il tenoit très bien justice, né ne pendoit pas les maufaitours à son bracel, si come font or endroit li mauvais prince qui desirent qu'on face maus et mellées pour lor bourse aemplir : mauvaisement lor souvient de l'escritoure qui dist par la bouce David le roi : *fairés jugement et justice en tous tans.*

Cil rois Loeys si ot de sa femme deus fius : li aisnés ot non Robiers et li mainsnés Loeys. Cius Robiers (2) estoit de petit enscient, né riens ne savoit : et Loeys estoit sages et entendans.

Si avint que li rois lor peres moru et li convint paier le debte que nous paierons tous : et s'assamblèrent li per et li baron de France pour faire roi del aiusné frère ; mais il i ot un des pers qui moult estoit sages et créus, qui

---

(1) Louis VI, dit le Gros, né en 1078, roi de France en 1108, et mort en 1137.

(2) Louis VI eut sept enfants, Philippe qui mourut jeune ; Louis qui régna sous le nom de *Louis-le-Jeune* ; Hugues, mort jeune ; Robert, celui dont il est question ici et qui en effet fut le chef de la maison de Dreux, n'était que le quatrième.

dist : « Signour, si vous m'en créez vous ferés roi de Loeys qui est sages et scienteus : et vous véez bien que Robiers ne scet nient ; et sé vous en faictes roi, li regnes en pora bien empirier, et entre nous naistre grant discorde ; car il est grant mestiers à nous et au peule qu'il ait roi en France qui gouverne le roiaume ; et vous savez bien comment il est de monsigneur Robiert : et Diex le scet que je ne le dise pour bien non ; et autant m'est li ainsnés come li mainsnés : si, en faites çou que Diex vous enseignera pour le mius. —

» Par foi, dient li baron et li per, il nous samble que vous dites voir, et nous en avés monstré boine raison ». Ensi s'acorderènt tout au mainsné : et fu sacrés à Rains à roi et enoins de la sainte ampoule, que Diex envoya des cius en tère, à St-Remy (1). Et de mon signeur Robiert fisent il conte de Dreux, qui bien s'en tint atant apaiés, car il ne savoit qui ce montoit. Et de ce Robiert issirent li Robiertois, qui dient encore

---

(1) Louis VII fit dresser et enregistrer, à la cour des Comptes de Paris, le formulaire des cérémonies à observer au sacre des Rois, et régler par une charte, qu'à l'avenir les rois de France seraient toujours sacrés à Reims par l'archevêque de cette ville.

que on lor fait tort dou roiaume, pour çou que cius estoit ainsnés (1).

Or revenrons à nostre matère. Li baron s'accordèrent que li rois fust mariés, et li donnèrent la ducoise Elienor qui fu male feme et estoit ducoise de Normandie et tenoit Poitou, Angé, Limoge et Touraine et bien quatre cens d'autre terre que li rois ne tenoit. Et avint qu'il li prist talent d'aler outre mer et volentiers mesist consels de délivrer la sainte tière des mains al Sarasins et se croisa et esmeut grant gent avoec lui (2). Et atournèrent lor menée et montèrent

---

(1) Selon les historiens les plus accrédités, Louis-le-Gros ayant perdu son fils aîné Philippe, qui mourut des suites d'une chute de cheval, s'associa dès lors son second fils, qui prit le nom de Louis-le-Jeune. La cérémonie du sacre eut lieu à Reims, en 1131, avec une magnificence extraordinaire. Le pape Innocent II, réfugié en France, était alors en cette ville, et y présidait un concile national où se trouvaient réunis 17 archevêques, 267 évêques, et un grand nombre d'illustres abbés, parmi lesquels figurait St-Bernard.

On ne peut considérer le récit de notre chronique que comme une fable accréditée dans le peuple par les partisans de la maison de Dreux, qui avaient à légitimer leur révolte contre la couronne de France.

(2) Louis VII, pour se venger de Thibaut, comte de Champagne, avait réduit en cendres la ville de Vitry : c'est

sur mer à une S. Jehan et nagièrent par mer et i furent un mois et arrivèrent à Sur: car plus de terre ne tenoient adont chrestien en la terre de Surie. Et furent là tout l'iver après, et i séjournoit li rois et n'i faisoit fors le sien despendre. Quant Salhédin vit et pierçut sa molèche et sa nichèté, si li manda par plusieurs fois bataille. Mais li rois ne s'en vot onkes meller. Et quant la roine Elienor vit la défaute que li rois avoit en lui, et elle oï parler de la bonté et dou sens et de la prouèche Salhédin si li manda salus, par un drughemant, et bien sceust que s'il pooit tant faire qu'il l'en peust mener, elle le prendroit à signeur et relinquiroit sa loy.

Quant Salehedin l'entendit par la lettre que li drughemans li ot baillie, si en fu moult liés. Car il savoit bien que c'estoit la plus gentius feme de la chrestienté et la plus riche. Si fist apprester une galie et mouvoir d'Escalon où il estoit et aler à Sur atout le drughemant: et i arrivèrent entore la myenuit. Et li drughemant monta à mont par une fausse poterne et vint en la cambre la roine qui l'atendoit. Quant elle le vit si dist: « Quels

pour expier ce crime, que ce prince, à la sollicitation de St-Bernard, prit la croix, et s'embarqua en 1147, laissant le royaume aux soins de l'abbé Suger et de Raoul, comte de Vermandois.

nouvieles? — Dame, dist-il, veschi la galie qui vous atend au rivage : or don, hastés que vous ne soyés pierchute. Par foi, dist la roine, c'est bien faict ». Atant prist .11. damoisielle atout .11. coffres bien garnis d'or et d'argent, et les en voloit faire porter en la galie, quant une des damoisieles issi de la cambre au plus coiement quelle pot, et vint au lit le roi qui dormoit et l'envella et li dist: « Sire malement est: madame s'en voet aler en Escalonie avec Salehedin et la galie est au port, si l'atent ».

Quand li rois l'oï, si sali sus et se vestit et atourna et fist sa mainsnie armer et s'en alla au port et trova la roine qui jà estoit d'un piet en la galie: et la prist par la main et la ramena arrière en sa cambre : et la maisnie le roi retint la galie et ceaux qui estoient dedans : car il furent si souspris qu'il n'orent pooir d'eaus deffendre.

Et li rois ce manda à la roine pour quoi elle voloit en fuire. « En nom Dieu, dist la roine, pour vostre mauvaisté, car vous ne valés pas une prune pourie; et j'ai tant oi dire de bien de Salehedin que l'aime mieus que vous: et saciez bien, de voir, que de moi tenir ne jorés non jà. »

Atant la laissa li Rois et la fit très bien garder: et ot conseles qu'il revenroit en France: car si denier li aloient falant, il naquéroit là se honte non. Si remonta sour mer, atout la roine, et s'en revint en France: et prist conseles à tous les barons qu'il feroit de la roine? et lor conta coment elle avoit ouvré. « Par foi, dient li baron, li miudres consaus que nous vous en sacions douner, c'est que vous la laissiez, car c'est uns diables, et se vous le tenés longement, nous creinons quelle ne vous face mourdrir, et eu sour que tout, vous navés nul enfant de li ».

A cel consel se tinst li rois, si fist que fols : miu li venist l'avoir enmurée : si li demourast la seus tière, sa vie: et ne feussent pas avenu li mal qui en avinrent, si come vous orés conter jha en avant. Ensi envoia li rois (1) la roine Elienor

(1) Après ce avint que, ne sai que gens don lignage le roi, vindrent à li, et li firent entendant, si come voirs estoit que il avoit lignache entre li et la roine Alienor, et que prest etoient dou prover par sairement : et quant li rois oï ce, si respondi que contre Dieu et contre Ste Eglise ne la voloit-il pas tenir à fame : et par cette chose enquerre, fist li rois asembler au chastel de Baugenci, le mardi devant Pasques flories, *Huon* l'arcevesque de Seans, et fu en celle asemblée *Sanses* li arcevesque de Rains, *Hues* cil de Rouan et cil de Bordiaus et plusor de lor evesques et des barons de France grant partie. Lors se traidrent avant cil qui le lignache devoient prover, et firent le sairement li cousins et li parent et dirent par lor sairemens que li rois et la roine estoient bien prochain parent, et ensi furent

en sa terre. Et elle manda maintenant le roy Henry d'Engleterre, (celuy qui fist occire S. Thumas de Cantorbie), et il i vint volentiers et l'espousa (1) et fist homage au roi de la terre que il prendoit, qui moult estoit grande et riche : Et enmena la roine en Engleterre et la tint tant qu'il en ot .III. fius, dont li ainsnés ot non Henris *au court mantiel*, qui fu preudome et boins chevaliers, mais poi vesqui. Li autres ot non Richars, qui fu preus et hardis larges et chevalereus : et li tiers ot non Jehan qui fu mauvais et mescréans et mal créans en Dieu.

Chi vous lairons un poi ester dou roi Henri et de ses enfans. Si vous dirons dou roi Loeys qui fu sans feme. Si baron li disent que Henris, li Quens de Champagne, qui moult estait larges, avoit une

---

descuré li uns de l'autre. (*Grandes Chroniques de France*, t. XII, p. 202).

(1) Henri n'était alors que comte d'Anjou et duc de Normandie, depuis roi d'Angleterre, sous le nom de Henri II ; il devint par ce mariage duc de Normandie et d'Aquitaine, comte d'Anjou, de Poitou, de Touraine et du Maine. Le meurtre de Thomas, archevêque de Cantorbéry, n'eut lieu que quelques années après ce mariage, en 1170. — Robert, comte de Dreux, frère du roi, fonda sous l'invocation de S. Thomas de Cantorbéry, un collége qui depuis prit le nom de S.-Thomas-du-Louvre.

fille biele et gente, qui avoit non Aélis, et estoit suer germaine l'archevesque Guillaume-*blancemain*, qui tant valu à son tans qu'il restabli eschvinnage à Rains et fist moult de biens (1).

« Sire, dient li baron, nous vous loons que vous le prendés à feme, car nous ne véons où vous pusiés mius faire. » Li rois les en crut et manda au comte Henri qu'il li envoiast sa fille et il la prenderoit à feme. Li Quens li envoia volentiers et li rois l'espousa (2). Et tant furent en-

(1) *Guillaume de Champagne* ou *de Blois*, dit *aux blanches mains*, l'un des archevêques dont Reims ait surtout conservé la mémoire en vénération. Il était fils de Thibaud II, comte de Champagne, et beau-frère de Louis VII, que notre chroniqueur surnomme *Poe-Dieu*, le pieux. Il fut élu archevêque de Reims en 1176. Entre autres bienfaits dont cette ville lui est redevable, il faut compter la donation du quartier de la Couture, l'établissement en cet endroit, de la *foire de Pâques*, l'abandon de nombreux terrains pour l'agrandissement de la cité, le rétablissement de l'échevinage, dont la charte se conserve précieusement au cartulaire de la ville. En 1190, durant la croisade de Philippe-Auguste, Guillaume fut déclaré Régent de France, et parvint, en cette qualité, à réunir l'Artois à la couronne. — Il mourut à Laon, le 13 septembre 1202, âgé de 68 ans. — Son corps fut rapporté à Reims, et inhumé devant le maître-autel de la cathédrale, sous une tombe de pierre, qui depuis long-temps a disparu.

(2) Louis VII, après avoir répudié Eléonore, épousa

samble qu'il en ot un filg et une fille. Li fius fu apielés en bapteme, Phelippes, qui moult valut et la damoisièle, Agniès. Et tant crut li fius et amenda, qui fu en leage de .xvii. ans, li rois ses peres vit lenfant sage et preu ; et véoit que il estoit pesant et vius et fist par conselgs que ses fius fu coronés à Rains : et fist atourner çou que il convenoit à couronement de rois : et fu coronés à Rains le jour de Toussaint, en l'an del incarnation de Notre Seigneur m. c. et iv^{xo} par la main l'archevesque Guillaume-*blance-main* qui ses oncles estoit. Et à son disner, le siervi li rois Henri d'Engleterre à genous, et tailla devant lui. Si avint un poi apriès, que li rois Loeys ses peres, qu'on apieloit *Poe-Dieu,* se coucha au lit mortel, et le convint partir de cest siècle, et moru et fu enfouis ricement à Saint-Denis, jouxte son père Loeys *le Justicier* (1). Et li rois Felippes

---

Constance, fille d'Alphonse VIII, roi de Castille, dont il n'eut pas d'enfants, et qui mourut en 1160. Il eut d'Alix de Champagne, sa 3e femme, six filles et un seul fils, Philippe-Auguste.

(1) Voici en quels termes, Rigord, dans sa *Vie de Philippe-Auguste,* parle du sacre de ce prince :

« Superveniente autem omnium sanctorum festivitate Philippus Augustus, convocatis archiepiscopis, episcopis, et omnibus terræ suæ baronibus à Willelmo reverendo Re-

comencha terre à tenir à tousjours de mius en mius. Et il li estoit boin mestiers, car il n'avoit pas plus de quarante mil livrées de terre.

mensium archiepiscopo, tituli Sanctæ Sabinæ presbytero cardinali, apostolicæ sedis legato, ipsiusque regis avunculo, coronatus est Remis, adstante Henrico rege Angliæ, et ex una parte coronam super caput regis Franciæ ex debita subjectione humiliter portante, cum omnibus archiepiscopis, episcopis, cæterisque regni principibus et universo clero et populo clamantibus : Vivat Rex! Vivat Rex! cujus ætas fuerat annorum quatuordecim in festivitate Timothei et Symphoriani præterita, et tunc cœperat volvi annus decimus quintus: ita quod in anno quinto decimo suæ ætatis in regem est inunctus, in festo scilicet omnium Sanctorum, adhuc vivente patre christianissimo rege Ludovico, tamen adversâ ægritudine nimis gravato, videlicet paralysi quæ ei gressum prorsus negaverat.

(*Rigordus, de gestis Philippi Augusti Francorum rex*).

CHAPITRE II.

Coment la discorde meut entre le roi de France et le roi d'Angleterre.

Or vous dirons du roi Henri *au court man-tiel* (1), le ainsné fils au roi Henri d'Engletiere qui oï dire que li rois Phelippes avoit une sereur bièle et gente; et requist à son père qu'il mandast au roi Felippe qu'il li envoiast sa sereur pour lui, et il la prendroit à feme, et seroit roine d'Engleterre, si elle sourvivoit le Roi son père. Li Rois respondi que si feroit-il volentiers et i envoia ses gens et .x. chevaliers preudomes et sages, qui passèrent mer et trovèrent le roi Phelippe à Montlean (2) et le saluèrent de par le roi Henri

---

(1) Le surnom de *au-court-mantiel* lui fut donné, suivant une chronique française manuscrite, parce qu'à la cour d'Angleterre il avait réformé l'usage des habits longs, et qu'à la mode de France, il portait et faisait porter à ses officiers un manteau qui ne venait qu'à mi-jambes, au lieu de manteau à l'anglaise qui descendait jusqu'aux talons. (*Art de vérifier les dates*, t. 1, p. 807).

(2) *Montléans*, village de Champagne, non loin de Châ-

et li baillèrent la lettre. Et li Rois le fist lire et vit que li rois Henri li mandoit, et dit as messages que il li envoieroit volentiers : et la fist atourner richement comme fille de roi et li carga assés or et argent : et grant fuison de chevaliers et de pucièles prendent congiet au Roi et passèrent mer et vinrent à Londres et trouvèrent le roi Henri qui a mervelles fist grant fieste de la damoisielle. Mais Henris, ses fils *au court mantiel*, n'estoit mie adont en Engleterre, ains estoit en Escoche où il avoit une grant besoingne à faire. En dementiers, li desloiaus rois Henris ala tant entour la damoisièle qu'il fut carnelement a li : et quant Henris, ses fius *au court mantiel*, fu revenus et il sot la vérité de ceste avenue, si en fu si durement coureciés qu'il en cheï au lit de la mort et moru. Et la damoisièle fu renvoijé decha mer et arriva en Pontiu : et là, couvri sa grant pieché, et ne sosoit demonstrer au roi Felippe son frère, por son méfait (1).

teau-Thierry. Quelques personnes versées dans l'histoire littéraire de la France du moyen-âge, pensent que *Montléans* signifie ici *Laon*.

(1) L'aventure d'Alix, fille de Louis-le-Jeune, est autrement racontée par les historiens du temps. Ce n'est point, suivant eux, à Henry au *court mantiel*, mais à son frère Richard qu'elle avait été promise. La passion de Henry

Adont avint que li quens de Pontiu fu mors et ot .1. fils, biel baceler qui clers estoit, à cui la terre de Pontiu escheï: et oï parler de celle dame qui repairoit en sa tere, et fist tant qu'il parla à li et s'i acointa. Tant qu'il li dist qu'il la prenderoit volentiers à feme s'elle voloit, et li rois ses frères s'i accordoit.

Atant demourèrent les paroles, et li Quens n'oublia pas la poire au feu. Ains vint au roi Felippe et li dist: « Sire sil vous plaisoit je prenderoie volentiers vostre sereur à femme et seroit comtesse de Pontiu ». Quant li roi l'entendi si pensa un poi et dist : « Par la lance S. Jacques je voel bien que vous la prendés ». Li Quens prist congier atant et bien se tint apaijet de la response le Roi, et vint à la dame et l'espousa. Et fu boine dame et sage et

---

Plantagenet pour cette princesse est connue. Quoique fiancée à son fils, pour qui il l'avait fait venir en Angleterre, il la garda, tant qu'il vécut, enfermée dans son palais et sans jamais vouloir la donner à Richard ni la renvoyer en France. Cependant le jeune Henry dont il est question dans notre chronique, s'était réellement révolté contre son père; suivant les historiens anglais, il se préparait à lui déclarer la guerre, lorsqu'une maladie l'ayant surpris au château de Martel en Querci, l'enleva le 11 juin 1183, à l'âge de vingt-huit ans. Richard, son frère, lui succéda dans son droit d'aînesse.

moult s'amèrent entre li et le comte. Et orent une fille biele et avenant qui fu mariée au conte Simon, qui fu frères giermains au comte de Bouloigne et en ot .iii. filles dont li une fu roine d'Espaigne et l'autre contesse de Gales et li tièrce contesse de Roussi.

Chi vous lairons ester dou conte de Pontiu et de la contesse. Si revenrons au roi Felippe qui estoit en l'eage de .xx. ans, et n'ot pas oublié le très grant honte que li rois Henris li avoit fait de sa serour. Il estoit un jour à Biauvais et li rois Henris estoit à Gerberoi, une abbeye de moines noirs à .iiii. liues de Biauvais. Quant li rois Felippes le sot, si en fu merveilles liès : car il se pensa qu'il se vengeroit de la honte, se il pooit; et fist souper ses chevaliers et sa gent de haute cure et donner avaine as chevaux. Et quant il fu à viespré, si fist sa gent armer, ne onkes ne lor dist que il avoit empensé à faire. Et chevaucièrent tant que il vinrent à Gerberoi, où li rois Henris estoit sauves. Et ançois que li Rois fust couciés, entrèrent-il en la sale où li rois Henris estoit acousté sour une coute. Quant li rois Felippe le vist, si traist l'espée et li courut sus apièrtement, et le quida férir parmi la teste, quant uns chevaliers sali entre eux deulx et li destourna son cop à férir. Et li rois Henris sali sus, tous espierdus, et s'enfui en une cambre, et fu bien li huis fremés. Et quant li roi Felippe vit quil ot perdu son cop, si en fu moult dolens et s'en revint a Biauvais, car il n'avoit mie là boin demorer. Quant li rois Henris sot que ce avoit esté li rois Phelippes qui ocire le voloit, si dist : « Fi! Or ai-je trop vescu quant li garchons de France, fius au mauvais roi, m'est venu coure sus. » Adonc sali li rois es piés et prist un frain et s'en ala as cambres courtoises, tous desesperés et plains de s'aneui, et s'estranla des riesnes dou frain. Quant sa maisnie vit que li rois n'estoit mie entr'aus, si le quirèrent partout et tant qu'il le trouvèrent estranglé et les riesnes entour le col, si en furent à mervelles esbahi. Et lors le prisent et levèrent et le misent en son lit et fisent entendant au peule qu'il estoit mors soudainement. Mais n'avient pas souvent que tèle aventure aviegne de tel home qu'on ne le sache; car *celé çou que mainsnie set, n'est souvent mie* (1).

(1) Tout ce récit n'est nullement d'accord avec l'histoire connue, mais il n'en est pas moins curieux : il peint la naïve crédulité de l'auteur et l'empressement du peuple à accueillir les bruits les plus absurdes.

Rigord, que nous avons cité plus haut, raconte ainsi la mort du roi d'Angleterre :

« Dans l'Octave des apôtres saint Pierre et saint Paul,

Li cors le roi fu embaumés et fu portés à Roem en Normandie: et fu ensevelis en la mère-église. Atant vous lairai à parler dou roi Henry et dirai dou roi Richart, son fils, qui vint à terre et fu preus et hardi, courtois et larges et avenant chevalier; et venoit tournoijer ès marches de France et de Poito, et se maintint une grant pieche, ensi que tous li mons disoit bien de lui.

Henri, roi d'Angleterre, mourut à Chinon (6 juillet 1189). Il avait assez heureusement réussi dans toutes ses entreprises, jusqu'au règne de Philippe, roi des Français, que le Seigneur lui avait imposé comme un mors, pour dompter sa bouche rebelle, en punition du meurtre de saint Thomas de Cantorbéry, martyr; car Dieu voulait par une telle vengeance lui ouvrir les yeux de l'esprit, et le ramener dans le sein de l'Eglise, notre mère. Il fut enseveli à Fontevrault, dans une abbaye de nonnes. Richard, son fils, comte de Poitiers, lui succéda ». (*Trad. de M. Guizot*).

CHAPITRE III.

Coment li roi Gui regna en la tière de Surie.

Chi vous lairons ester dou roi Richard et dirons dou roi Amauri de Jhérusalem, qui fu mors en cel tempoire, sans oir : et escheï li roausmes à une siène sereur qui estoit en la tière de Surie et estoit mariée à monsign. Guion de Lusinan, qui moult estoit preudome : mais il n'estoit mie de si haut parage que il afférist à roi. Cil Guis dont je parle fu rois de par sa feme, à cui li roiaumes de Jhérusalem estoit eskeus, et regna une pièche come preudom' que il estoit, et la roine boine dame. Et avint que li Baron de la tere, c'est à savoir, li marcis de Monferras, li quens de Tripole, li sires de Baru et li sires de Sajette orent grant envie sour le roi Guion, et pourcacièrent au patriarche de Jhérusalem qu'il ostast li roiaume fors de sa main : car il n'estoit pas dignes d'iestre rois. Et ne disoient-ils mie por bien, mais por çou que par envie cescun d'aus voloit iestre rois de Jhérusalem. Li patriarche s'i assenti et vint à la roine et dist : « Dame il vous convient laissier votre signeur, car il n'est mie assés gentius hom pour tenir le roiaume de Jhérusalem ».

Quant la roine entendi le patriarche si s'esmervella moult et dist : « Sire coment avenra çou que je lairai mon signeur que j'ai loiaument espousé et qui preudom est? — Dame, dit-il, vous ne pas bien faire. Car se vous ne le laissiez, li roiaumes en pora bien iestre pierdus et cheoir en mains de Sarrasins. Et veschi Salehedin qui moult est sages et poissant, et n'atent autr' cose que le descort à vos barons et à vous. — Par foi, dist la roine vous avés la cure de m'ame, et iestes au liu del apostole par decha le mer. Or m'en loés si que je ne mesprenge ne à Dieu ne à mon signeur. — Dame, dist li patriarches, vos dites bien et nous verons en quel manière nous le porons mius faire, et qui miudres vous sera ». Lors fu atournet par le conselg des barons que la roine seroit a .I. jour devans l'eglise Sainte-Crois qui est eveskies d'Acre, et tenroit la corone roial en sa main : et tout li baron seroient entour li et cil en cui cief elle asseroit la corone seroit rois. — Ensi avint que li jors fu assis, et tout li baron dou roiaume furent entour li avirounant: et la Roine estant emi aus tous, les esgarda et dist : « Sire patriarche, et vous tout signor Baron, vous avez esgardé que

2.

ceus en qui cief je meterai la corone sera rois?»— Il respondirent tout que c'estoit vérités.» Or voel-je dont que vous tout le juriés sour le cors pricieus notre signeur! Et vous, sire patriarche, jurés, dist la roïne, que vous ne me contredirez jamais d'autr' signor prendre.»—Li Patriarche et tout li baron li jurèrent ensi que elle lor avoit devisé. Et la roïne se sina de sa main diestre et se commanda à Dieu et s'en ala tout droit où elle vit son signor le roi Guion, et li assist la corone ès cief, et li dist. « Sire je ne voi, chi entour, home plus preu-
» dome ne plus loial de vous, ne qui mius doive
» iestre rois de Jhérusalem, et je vous otroi et done
» la corone et le roiaume et moi et m'amour (1).»

(1) Cette histoire de Sibylle et de Guy de Lusignan est rapportée à peu près dans les mêmes termes par Benoît, abbé de Peterborough. Il la fait précéder de quelques particularités curieuses sur les amours de ces deux personnages. Voici son récit : « Guy de Lusignan était de belle figure, il avait de la bravoure... La sœur du roi, Sibylle, comtesse de Jaffa ayant remarqué la beauté de Guy voulut en faire son mari; mais n'osant point avouer son désir au roi son frère, elle se livra secrètement à son amour pour Guy, et celui-ci coucha avec elle (*ipse dormitavit cum illá*). Le roi l'ayant su, voulut faire lapider Guy de Lusignan; mais après beaucoup de menaces et de rigueurs, à la prière et d'après le conseil des templiers, il fit grâce de la vie à l'un et à l'autre (*utrique vitam donavit*); à la fin, comme il

n'avait point de plus proche héritier qu'elle, il lui permit de prendre Guy pour mari.... Le roi de Jérusalem étant mort, les templiers, les hospitaliers, les comtes, les barons, le clergé et le peuple choisirent pour reine Sibylle, mais ils y mirent pour condition qu'elle ferait divorce avec Guy de Lusignan. — Tous rendaient justice à la bravoure du comte, mais ils ne le trouvaient pas d'une noblesse assez illustre pour être l'époux de la fille des rois. La comtesse se voyant obligée d'adopter cette condition, déclara qu'elle consentait au divorce, mais à la condition qu'elle prendrait ensuite le mari qu'elle voudrait. Les choses étant ainsi convenues, et les paroles données, Sibylle se fit conduire au temple, et reçut le diadême des mains du patriarche. Pendant cette cérémonie, tout le monde priait à genoux pour que le choix de la reine tombât sur un prince qui pût défendre le royaume. Alors la reine invoquant l'Esprit-Saint, dit à haute voix : « Moi Sibylle, je choisis pour roi et pour mari Guy de Lusignan, qui fut jusqu'ici mon époux : Je le reconnais comme un homme plein de loyauté, plein de toutes sortes de mérites et capable de bien gouverner le royaume avec l'aide de Dieu. Je sais d'ailleurs que lui vivant, je ne peux pas selon Dieu en prendre un autre; car l'écriture a dit : ce que Dieu a uni, l'homme ne peut le séparer. » (*Benedicti Petroburgensis Abbatis, Vita et gesta Henrici II Anglicæ regis.—Oxonici*, 1735. 2 vol. in-8°).

CHAPITRE IV.

Coment li baron entreprisent le traïson dou Roi Guio.

Quant li Patriarches et tout li baron qui là estoient présent virent çou que la roine ot fait, si s'esmvellièrent moult : car cescuns d'aus quidoit avoir la corone. Atant se partirent d'avec, et s'en alèrent tout et porpensèrent une mortel traïson : et mandèrent Salehedin, le roi, que il vinst à aus en un liu où il le mandèrent, et ce seroit ses pourfis. Et il i vint et lor dist : «Biel signeur, vous m'avez chi mandé, dites-moi que il vous plaist? — Sire, respondi li Quens de Tripole, nous le vous dirons. Vous savez bien que li rois Amauris est mors, et li roiaumes est eskeus à sa serour et à son mari qui n'est mie ceus qui doive tel roiaume maintenir. Et la Roine ne voet croire le conselg nostre Patriarche. Et se vous nous voliés donner dou vostre, nous vous renderiensmes la tère, car le Rois est niches et mauvais, et n'a point de partir, se de par nous non. »

Quant Salehedin entendit ces paroles si en fu

amervellelies, et dist : — « Biel signeur, se j'estoie asseurés de vos, je vous donroie de mon trésor tant que vous n'en oseriés mi tant prendre.—Sire, dist li quens de Tripole, voisés qu'elle seurté vous volés que nous vous en fachions, et nous soumes prest del faire.—Par Mahom, mon Dieu, dist Salehedin, vous dites bien. Vous le m'afiéres tout sour vostre loi, et ferez plus, car nous nous sainerons tout ensamble et buvera li uns del sant à l'autr, en fourme de loiauté, et que nous soions tout un. » Ensi come Salehedin le devisa, ensi fu faist, et furent sainnét ensamble et burent dou sanc li uns del autres (1) : et prisent un jour entr'aus que Salehedin venroit devant Acre à toute s'ost, et ne monsteroit mie toute sa gent et feroit requerre au roi Guion bataille, et li présenteroient à aidier loiaument et quant ils seroient tout apresté de combattre, si lairoient lor banières chéoir et se tenroient coi ; adont poroit assez faire sa volenté dou roi et de sa gent.

A tant fu finés li parlemens de cette traïson ; Salehedin s'en alla en son pais et li traitour s'en alérent en lor terre. Et Salehedin se monst ses os celcé-

(1) M. Michaud regarde ce serment sur le sang comme invraisemblable. Il nous semble au contraire tout-à-fait dans les mœurs de l'époque. Les poètes et les romanciers du moyen-âge en rendent plusieurs témoignages.

ment et vint au port à Acre. Quant li rois Guis le sot, si fu amésaise de cuer et fist escrire les lettres et les envoia à tous ses barons et tous ses homes qui armes povoient porter et assambla tant de gent come il put avoir, et ne fu veu émmi l'ost que Salehedin avoit assamblée de .11. pars. Quant li baron de la tère de Surie furent assamblé dehors Acre, li Rois vint à eaus et leur dist. «Biel signor je vous viens requerre pour Dieu et pour çou que vous le devez faire que vous metez conselg au roiaume de Jhérusalem bien et loiaument à deffendre et à maintenir; car veschi Salehedin qui est chi près avoec moult grant gent, et je ne sui que un seul hom, et vostre sire sui, quel que je soie; et vous iestes tout mi home et mi feiable, si ai moult grant fiance en vous et bien voel que vous saciez, que je voel dou tout croire vostre conselgs. »—Adonc respondili quens de Tripole, qui toute ceste traïson avoit pourpensé: «Sire vous dites que sages, et nous sommes tout apparelliet de deffendre le roiaume et vous et nous et nos honneurs et tant en ferons que Dieu et li siècles ne nous en sara que demander. »— Quant li Rois oï ensi parler le conte de Tripole, si en fu à mervelleliés et r'ala à ses tentes et fist apparellier sa gent au mius que il pot. Et venoient souvent à son tref li traitor, et li monstroient trop grant samblant d'amor et li disoient:

—«Sire ne vous effréez, car se cil de là estoient dui tans que il ne sont, si en n'aurroient-il pooir à nous.» Li rois s'asseura moult en lor parole et atendi tant que Salehedin aprocha Acre après .111. liues et manda au Roi bataille. Et li Rois dist que il s'en conselleroit : et manda le conte de Tripole, le marcis de Montferras, le signor de Baru, le signor de Seïete et le baus D'Escalone et les autres barons et lor dist : « Signeur, saciez que Salehedin m'a mandé bataille au jour de la S¹-Jehan-décollasse. Si me voel consellier à vous que nous en ferons, car je ne voel riens faire, se par vous non. Pour Dieu, si consolliés moi et vous, en boine foi, car autant tient il à vous com à moi, et j'ai moult grant fianche en vous.»—Lors respondi li quens de Tripole, qui estoit li plus grant sires d'aus tous et li plus biaus parliers. « Sire, dist il, je loe que vous li otroijés bataille et je ne doute, ne tant ne quant, que nous n'aions la victoire; car nous avons droit et il ont tort. Et si avons Dieu en nostre ayde et il ne l'ont pas.»—Quant li quens de Tripole ot ensi parlé, si respondirent li aut' traitour et disent : « Sire li quens de Tripole vous done boin conselg. et nous vous aiderons tous. — Par foi, dist li Rois, puisque vous vous à accordés tant, je ne me discorde mie.»

Lors fu mandé li messages que Salehedin i avoit

envoiiés—si lor fu dit et affremé que il averoient bataille au jour que il avoient requis. A tant se partirent li message, et vinrent à Salehedin et li disent, de par le roi Guion et de par ses baron qu'il averoit la bataille. Outrement li tiermes vint que la bataille dust iestre (4 *juillet* 1187). Les os s'aprocièrent et joustèrent ensemble. Li arcier commencièrent à traire li uns aus autres et tant que moult en iot de blecies et de navrés et li arcier Salehedin reculèrent. Quant Selehedin vit çou, si fist sonner ses cors et ses buisines et escrier sa gent, et turc s'esmeuèrent et glatissent et se férirent entre crestiens : et li rois et sa maisnie les rechurent bien et vassaument, et i ot moult de sarrasins mors et abatus et navrés.

Quant Salehedin vit que sa première escièle se desconfissoit, si en fu moult coureciés et manda son agait qu'il avoit repus, et se férirent tout à un ès os, et les avironèrent de toutes parts. Quant li rois Guis se vit enclos, s'il ot paour ce ne fu mie mervelle et prist cuer en lui et escria : « S^t. Sépulchre ! » et se feri entre sarrasins, et tant en ocist et abati que tout cil qui le véoient lui douuoient pris et los. Adonc s'escria Salehedin et dist : « Quens de Tripole, quens de Tripole, tenez vostre sairment ».— Quant li quens oï parler Salehedin, si fist baissier s'enseigne : Et tout li

autr' traîtour aussi. Nonques puis ni ot .1. seul
d'aus qui se meust (1). Et quant li Rois Guis

(1) La trahison du comte de Tripoli est un fait sur lequel il y a quelques doutes : cependant plus d'un chroniqueur confirme le récit de notre histoire, et le continuateur de Guillaume de Ryr, dont M. Michaud donne quelques extraits, semble être du même avis. « Quand l'armée chrétienne fut arrivée, les *sarrasins moult joyeux se logièrent tout entour de l'ost des Chrestiens, si près que les ungs parloient aux autres. Et s'il y eust un chat qui s'enfuit de l'ost aux chrétiens, il ne peut mie échapper que les sarrasins ne le prissent.* Les Chrétiens passèrent la nuit sous les armes, *et si eurent moult grant mesaise de soif*. Pendant que l'armée attendait le combat, au milieu de la souffrance et du découragement, cinq chevaliers de la troupe du comte de Tripoli allèrent trouver Saladin et lui dirent : *Sire, qu'attendez que vous ne poignez sur eux ; ils ne se peuvent mais aidier, ils sont tous morts.* Les piétons jetèrent leurs armes et se rendirent aux sarrasins, *les gueules baïées par détresse de soif* ».

« Le différend que Raymond eut avec Guy de Lusignan, dit le P. Anselme (t. 11, p. 695), fut fatal aux chrétiens, car ayant traité avec Saladin, soudan d'Égypte, il favorisa ses conquêtes, fut cause de la perte de toute la Palestine, après la sanglante bataille perdue le 15 juillet 1187, et la prise de Jérusalem, de sorte que devenu en horreur à ses sujets, voyant aussi que Saladin, bien éloigné de lui donner le royaume de Jérusalem, comme il lui avait promis, voulait encore être le maître de sa principauté, il en conçut tant de douleur, qu'il en perdit l'esprit et peu après la vie, par une mort subite, en 1187. »

pierchu ceste traïson, si ot au cueur grant ire et dist : « Ha! biaus Sire Diex, je suis votre Sier-
» gans et sui en vostre besoigne ! et par la cres-
» tienté à soustenir, Sire, aide moi, si còm tu sais
» que besoin m'est, car je sai bien que mi baron
» m'ont trahi. »

Atant se fiert en l'estour et mervelles faisoit d'armes et il et sa partie. Mais ce ne li valu nient, car trop estoient sarrasins, et si baron li estoient fali. Et fu pris li rois par vive force, toute sa partie, et furent mené en Babylone: et li traitour s'en alèrent en lor terres, et Salehedin lor envoia or et argent à grant plenté. Puis vint en Acre et ne trouva qui li deffendist : Car tout les deffendeour estoient pris et mort. Et la roine estoit à Sur. Et li baus de Sur gardoit le castiel, si que la Roine ni avoit pooir. Et Salehedin conquist toute la terre que crestien tenoient, fors seulement Sur que il ne porent avoir (1).

(1) Voici ce que M. Michaud, qui ne croit pas à la trahison du comte de Tripoli, dit des conséquences de la bataille de Tibériade et du sort de Raymond :

« Cent-cinquante chevaliers restés autour de l'étendard royal ne purent défendre le Roi de Jérusalem. Guy de Lusignan fut fait prisonnier avec son frère Geoffroy, le Grand-Maître des Templiers, Renaud de Chastillon et tout ce que la Palestine avait de plus illustres guerriers. Raymond, qui commandait l'avant-garde de l'armée chrétienne, *après avoir combattu vaillamment*, s'ouvrit un passage à travers des sarrazins et s'enfuit à Tripoli, où peu de temps après il mourut de désespoir, accusé par les musulmans d'avoir violé les traités, et par les chrétiens d'avoir trahi sa religion et sa patrie. » (*Hist. des Croisades*, t. 11, p. 329).

CHAPITRE V.

Coment Salehedin par sa courtoisie mist fors de prison le roi Guion.

Ni lairons ester des traistours, si vous dirons de Salehedin qui estoit .1. jour en Babilone. Nonques miudres sarrasin ne mist piet en estrier. Il fist .1. jour mander devant lui le roi Guion, et li dist : — « Rois, or vous tiens - je, or vous ferai - je la tièste coper. — Ciertes, dist li rois, c'est bien drois, et bien l'ai dessiervui, car par moi est la tière de cha mer pierdue. et crestientés deshounorée — Par Mahom! dist Salehedin, non est : ançois, est par vos barons, qui vous ont trahi, qui en ont pris mon or et mon argent : et bien sai que vous iestes preudom et boins chevaliers. Si vous ferai grant bonté : car je vous delivreray vous vintième de chevaliers, à chevauls et à armes, et à viandes: et faites dou mius que vous poés. » —A donc fist Salehedin tous les prisons venir devant lui et dist au Roy : « Or prendez lesquels .xx. que vous volés! » — Et li rois eslut .xx. chevaliers des plus preus et des plus loiaus. Et Salehedin lor fist livrer armes et chevauls et viandes, et les fist conduire jusque devant Sur (1).

Li rois manda au baus de Sur qu'il lui ouvrist les portes et le laissast dedans entrer. Et li baus li remanda qu'il n'i meterait les piés, se il ne le tenoit pas à signor. Quant li rois vit qu'il n'i po-

---

(1) On voit ici et par d'autres traits que rapporte plus loin notre chroniqueur, de quelle réputation de magnanimité et de grandeur le sultan Saladin jouissait dans l'esprit du peuple franc. C'est en mémoire de ce héros que Voltaire a mis ces vers si connus dans la bouche d'Orosmane:

Chrétien. . . . .
Reprends ta liberté, remporte tes richesses,
A l'or de ces rançons joins mes justes largesses :
Au lieu de dix chrétiens que je dus t'accorder,
Je t'en veux donner cent, tu les peux demander...

Cependant Saladin ne se montra pas si généreux que le disent les chroniques populaires. Il suffit, pour s'en convaincre, de lire le récit de *Bernard-le-Trésorier*, et d'Emad-Eddin lui-même. Il est bien vrai qu'il rendit la liberté à Guy de Lusignan, mais long-temps après la bataille de Tibériade, quand il se vit maître ou à peu près de toute la Palestine, et sous la condition expresse que Guy renoncerait au titre de roi de Jérusalem. Serment que fit Lusignan, mais dont il se hâta, aussitôt élargi, de se faire dégager par un conseil d'évêques.

roit entrer, si fist sa tente drecier, et fu illuèc une pièche, que il n'avoit pooir de riens faire. Quant la dame sut que ses sires estoit logiés ès champs et ne pooit entrer laiens, si fu trop dolante et vint au baus de Sur et li dist : « Coment, Sires, que ne metez vous le Roi vostre seigneur chaiens, si come vous devés ! — Taisiés vous, dame, dist li baus, je ne feroie riens pour vous, et se vous en parlez plus, je vous meterai à mesaise ». La roine se teut atant et rentra en sa cambre et pensa com elle poroit faire, car elle veoit bien qu'ele n'i avoit pooir. Et s'avisa qu'elle feroit avaler une corde et le meteroit outre les creniaus, jus del mur, par les damoisièles, par nuit. Et fist tant qu'ele ot une corde boine et grande qui avenoit jusques en terre, et se fist jus avaler et une damoisièle avoec li. — Et quant elle ot çou faict, si vint en la tente du roi et l'esvella. Et quant li rois le vit si fu moult liés, et moult rejoi, si come preudom doit faire à preudé feme. Et lendemain quant on sot que la roine ot çou faict, si en fu moult loée, et demora li rois et la roine atant de gent com il orent devant Sur. Et moult i ot à soufrir, car il ne pooit riens conquester. Et nequident Salehedin, lor envoia pain et vins et viandes, si com il lor avoit encouvent.

CHAPITRE VI.

𝕮oment li rois de 𝕱rance et li prince de 𝕮restienté
alerent outre mer.

ATANT vous lairons ester dou roi Guion et de la roïne, qui Diex gart! qui moult avoient à soufrir. Si vous dirons del apostole Lucie qui adont estoit, qui avoit eu lettres del Patriarche de Jhérusalem que toute la terre d'outremer estoit perdue, fors Sur. Si en fu moult dolans et envoia maintenant .1. légat en France et .1. en Engletère et .1. en Alemaigne et par toutes les terres de sous la loi de Rome, pour prechier des crois. Li légat furent prudhome et boin clerc et bien croisièrent enforciement (1). Li rois Phelippes se croisa, li rois

(1) Luce III élu Pape en 1181, envoya en effet des lettres aux rois de France et d'Angleterre, pour les décider à prendre la croix, mais ce fut antérieurement à l'époque dont il est ici question, c'est-à-dire en 1185, avant la bataille de Tibériade. A Luce avaient déjà succédé Urbain III,

Richars ausi, li quens Phelippes de Flandre, li quens Henris de Campaigne, li quens de Blois

Grégoire VIII et Clément III, et c'est celui-ci qui, sur le bruit des derniers désastres des chrétiens en Palestine, décida les deux monarques à une nouvelle croisade, en 1191. —Au sujet de la *dîme saladine,* exigée par Philippe-Auguste pour la levée et la solde de l'armée qui devait prendre la croix, Guillaume le Breton rapporte un fait curieux pour l'histoire de Reims.

« A l'époque de cette guerre, dit le poète historien, le Roi n'ayant pas d'argent, et se trouvant dans une circonstance, obligé de payer la solde à beaucoup d'hommes, demanda au clergé de Reims et par écrit de lui prêter secours, afin qu'il fût lui-même mieux disposé à lui prêter aussi des secours gratuits, ainsi qu'il arrive souvent que l'Eglise assiste ses patrons. Mais ceux de Reims répondirent qu'ils étaient tenus en droit de donner l'assistance de leurs prières au Roi souverain, et non de lui payer aucune solde ni redevance; car ils craignaient que dans la suite les églises laissant s'établir une telle coutume, n'en souffrissent quelque dommage. — Après cela, et la guerre terminée, comme le Roi et les grands jouissaient de la paix, une circonstance difficile survint tout-à-coup, et força le clergé de Reims à intercéder à son tour auprès du Roi. Les comtes de Rethel et de Coucy, et le seigneur de Rosoy, n'ayant aucune crainte ni de Dieu ni du Roi, pillaient à l'envi le patrimoine de l'Eglise et opprimaient par leurs dévastations ruineuses et le peuple et le clergé. Le Roi alors se réjouit et fit à ceux-ci cette brève réponse : « Naguère vous m'avez secouru de vos seules prières, maintenant à

CHAP. VI. 35

et moult d'autre Baron qui ne sont mie chi nomé. Et s'apparellièrent ricement et monteirent sur mer, à .LIV. nès; et nagièrent tant, sans destourbier, qu'il arrivèrent à Sur .I. mardi matin et descendirent à terre et fisent tendre lor très et lor pavellons, et assisent la cité par tere et par mer (1). Quant li baus vit qu'ensi estoit,

mon tour je vous secourrai dans vos combats par les mêmes moyens. — Il dit et manda par écrit aux comtes de renoncer à ruiner les églises et à dépouiller le clergé. Mais les comtes les persécutent au contraire plus rudement, et ne cessent de faire les plus grands dommages au clergé et aux lieux sacrés, pensant bien que le Roi ne mettait pas beaucoup d'importance à sa demande, lui qui pourrait les réprimer par l'ordre le plus simple. — Enfin le clergé apprit (car le malheur le lui enseigna) avec quel soin et quel empressement l'Eglise doit chercher à gagner l'affection du Roi et s'efforcer par-dessus tout de s'assurer la protection de celui sans lequel le patrimoine du Christ ne peut être défendu. Bientôt il supplia le Roi, reconnut qu'il avait péché et lui donna toute satisfaction, pour avoir refusé de lui prêter secours dans la guerre, lorsqu'il le lui avait demandé. Le Roi aussitôt s'armant pour le combat, lança ses cohortes sur les terres des comtes et leur fit souffrir beaucoup de dommages, jusqu'à ce que cédant à la force, ils eussent rendu tout ce qu'ils avaient enlevé à l'Eglise et au peuple, après avoir d'abord payé une amende. »

(*Philippidos*, liber 1).

(1) Il faut je crois entendre que la ville de Tyr étant en-

et que si grant signeur le venoient asségier, si manda qu'il lor renderoit Sur, sauve sa vie. Et li rois Phelippes et li autre prince li mandèrent que il n'en feroient riens, et s'il ne le rendoit dedens tier jour, il n'en escaperoit, fors par le hart. Quant li baus entendi ces paroles, si fu moult espierdus et manda que il renderoit la cité et se meteroit en la volenté le roi : et fu ensi recheus et la cité rendue : et fu mis en prison perpétuel. Adonc prisent consel tout li baron ensamble que il iroient asségier Acre, et affremèrent par

core au pouvoir du bailli, le Roi crut devoir y mettre le siège. Nous nous servirons pour expliquer ce que peut avoir d'obscur ce passage, du récit de l'auteur de l'*Histoire ecclésiastique* : « Le roi de France, dit l'abbé Fleury, arriva la veille de Pâques close, vingtième d'avril 1191, devant Acre en Palestine, que les croisés assiégeaient depuis près de deux ans; car après la prise de Jérusalem, le roi Guy de Lusignan n'ayant plus aucune place où il put demeurer en sûreté, voulut se retirer à Tyr; mais le marquis Conrad de Montferrat, qui en était le maître, refusa de l'y recevoir et lui donna des troupes avec lesquelles il lui conseilla de faire quelque entreprise. Guy de Lusignan entreprit par désespoir le siège d'Acre en 1189. » — Il semblerait résulter du récit de notre chroniqueur, qu'avant d'aider Lusignan à continuer le siège d'Acre, Philippe voulut le rétablir entièrement dans la ville de Tyr, où le stratagème employé par la reine Sybille n'aurait pu le maintenir long-temps.

siermcnt que il n'en iroient si seròit prise. Et maintenant fisent tourner lor très et lor tentes et tout lor harnois et ne finirent d'errer, si vinrent devant Acre et tendirent lor pavellons. — Mais li rois Richars vot avoir le plus biel liu, et si ot il : car c'estoit li plus rices homs de l'ost et qui plus avoit à despendre. Car il avoit plus estrellins que li rois de France n'eust paresis : et fisent maintes fois assalir as murs de la cité et giéter perrières et mangouniaus : mais riens ne lor valoit ; car Sarrasin lor ardoient à feu grigois tous lor engiens. Et saciès que li rois Phelippes n'assaloit mie. Ensi furent tout l'iver que riens n'i esploitièrent. Et li rois Richars aloit esbanoijer par les iles de mer, et veoir dames et damoisièles. Et li rois Phelippes le faisoit autrement : car il faisoit carpenter engiens decha mer à grant plenté, et les faisoit mener à navie par devant Acre. Et quant il furent venu si les fist drecier hastivement et ploumer pour le fu grigois : et comencièrent à giéter grosses pières et bruians qui confondoient quanques elles ataignoient. Adonc orent li Sarrasin paour : et fist li baus d'Acre qui i estoit de par Salehedin, monter as crenians . 1. Sarrasin de grant eage qui moult savoit et une espie latimière d'alès lui, qui li ensegnoit les très et les pavellons et les noms as haus Barons et li disoit: « Sire, véés là le trefle roi Ricart; et véés là le trefle conte Phelippe de Flandres et le trefle conte Henri de Campagne et tous les tres as haus barons. » — Adonc regarda li Sarrasins et vit les ensègnes au Roi Phelippe et dist : « Qui est cil à cui cil engien sont? » et li latimiers li dist: « Sire, il sont au Rois Phelippe. » Lors dist li Sarrasins: « Par Mahom ! par cestui pierdrons-nous Acre. » Et l'en demain par matin, fist li rois Phelippes assalir efforciement et fist giéter *Male-voisine* (1),

(1) *Male-voisine*, *malveisin*. Machinæ bellicæ species, sic appellata lingua gallica, tanquam malus vicinus, seu *mauvais voisin* quod proximos hostes maxime incommodaret. Petrariæ speciem facit Matthæus-Paris sub an. 1216. *Propter Petrariam, quæ malveisine Gallia nuncupatur, qua cum machinis aliis franci ante castrum locata, muros acriter crebris ictibus verberabant.* Ex quibus colligitur, fuisse machinam, qua muri lapidibus ingentibus impugnabantur. At Guignevilla in poemate vernaculo, *le Pèlerinage de l'humaine lignée*, videtur innuere plures simul eodem que impetu sagittas emissas per hanc machinam, ita ut illa sit catapolta, quam Angelus Portenarius, lib. v, De felicit. Patavina describit, et cujus figuram expressit. Sic vero Guignevilla :

Ne nuls tels dars ni puet meffaire,
Combien que on i sache traire
Malveisine les sajetes,
Ne espringale ses mouchetes.

(Ducange, *glossaire*).

Visinauf, dans son *Itinéraire du roi Richard*, raconte

sa boine perrière, qui abatoit, à cescun cop qu'elle giectoit, une grant brachié de mur. Et tous li autre baron faisoient ensi, fors li rois Richars qui estoit en l'ile de Cypre. Et tant assalirent et gieterent que cil dedens ne porent plus endurer, et Crestien entrèrent ens par force de toutes parts par le mur qui estoit brisiés, et fu la cité prise. Et i ot moult de sarrasins tués et decopés, et moult en trouvèrent par les rues qui estoient mort de maladie tout puant. Lors fist crier li rois Phelippes que la cités fust netoiie des cors as Sarrasins. Ensi fu fait quant li rois l'ot comandé. Et entra en Acre qui volt, et furent li rois Guis et la roine remis en lor signorie.

qu'au siège d'Acre, Philippe qui s'occupait sans cesse de la construction de machines, avait fait bâtir une tour qui s'appelait *la mauvaise voisine*, à laquelle les assiégés opposaient une machine non moins meurtrière qu'ils appelaient *la mauvaise cousine*.

CHAPITRE VII.

Coment li rois Ricars volt faire mourdrir le Roi de France.

Or vous dirons dou Roi Ricart qui estoit en Cypre et ot eu lettres d'Acre qui prise estoit, et en fu si courouciés qu'à poi qu'il n'erragoit; et vint en Acre au plus tost que il pot et ot en son cuer grant anui et grant félounie de çou qu'il savoit bien que Acre estoit conquise par le roi Phelippe et sans lui. Si avint 1. jour que mesire Guillaume des Bares chevauçoit parmi Acre et li rois Ricars ausi, et s'entre-rencontrèrent. Li rois Ricars tenoit en sa main .1. tronchon d'une lance, et meut au Barrois, et le quida porter fors des archons. Li Barrois se tint bien car il estoit chevaliers esmerés : et au passer que li rois englois quida faire, li Barrois le saisit par le col et féri cheval des esporons et le traist par force de bras des archons : Puis laska les bras et li rois chéi sour le pavement si rudement que à poi que li cuers ne li parti; et jut enki une grant pièche pasmés que on n'i senti poux ne aleine. A tant s'en parti li Barrois et s'en ala à l'ostel le roi Phelippe et li dist coment il estoit. Quant li rois oï çou, si l'en pesa et fist armer sa gent, car il doutoit moult le roi Ricart (1).

(1) Jean Bromton, abbé de Jorval, contemporain de notre chroniqueur, rapporte à peu près les mêmes faits, seulement il place la scène à Messine : « Le jour de la Purification, dit-il, après le dîner, le roi d'Angleterre et plusieurs chevaliers tant de sa suite que de celle du roi de France, étaient allés hors de la ville, jouer selon leur coutume à divers jeux. A leur retour, pendant qu'ils traversaient le milieu de la ville, ils rencontrèrent un paysan qui conduisait un âne chargé de roseaux qu'on appelle cannes... Obviaverunt cuidam rustico cum asello arundinibus onusto quas cannas vocant. De quibus rex Angliæ et cæteri qui cum eo erant ceperunt, et unusquisque illorum alter adversus alterum est congressus. Et contigit, quod rex Angliæ, et quidam strenuus miles de familia regis Franciæ Willielmus de Bares nomine, ad invicem congredientes, arundines suas fregerunt, unde capa regis ex percussione Willielmi fracta est. Et rex inde iratus, cum vehementi impetu ipsum Willielmum et equum suum titubare fecit, et dum intenderet ipsum in terram dejicere, sella regis declinavit, descenditque celerius rex et alium equum fortiorem protinus ascendens, impetum in eumdem Willielmum iterum fecit, sed ipsum dejicere non valuit. Willielmus

Li rois Ricart revint de pamoison et fist armer les Englois et vint assalir à l'ostel le roi Phelippe. Mais il ne le trouva pas esbahi ne desgarni, ains se deffendirent les gens le roi bien et vighereusement et i ot assés trait et lanciet. Apriès vinrent li conte et li grant signeur et prisent trives à .III. jours, et la dedens fu la cose acoisie et apaisiée.

Li rois Ricars ot moult le cueur enflé dou roi Phelippe qui avoit l'ouneur d'Acre : si le prist forment à hair et meymement pour l'ocoison de son pére ; et pourcacha tant par ses dons que li rois fu enherbés : mais Dieu mèrchi ! li enherbemens ne fu mie à mort. (1) Quant li rois

enim collo equi sui adhæsit; unde rege ei comminato, cum Robertus filius Roberti comitis Leicestriæ defuncti... manum in dictum Willielmum ut regem juvaret injecisset, ait rex : sustine te et dimitte me, et illum solum. Cumque rex et Willielmus dictis et factis ita diutius contendissent, rex prorumpens ait illi : Fuge hinc et cave tibi ne amplius coram me compareas, quia à modo tibi et tuis ero perpetuus inimicus. Dictus atque Willielmus propter regis iram discedens, addominoum suum regem Franciæ dolens abiit et confusus super hiis quæ in via acciderant ab eo consilium postulans et juvamen. (Historiæ anglicæ scriptores, Chronicon Johannis Bromton, t. 1er, p. 1192).

(1) Quelques auteurs contemporains ont partagé l'idée de notre chroniqueur, que le roi d'Angleterre entretenait des relations avec Saladin et avait voulu empoisonner Phi-

CHAP. VII.   43

Ricars vit qu'il ot fali, si traist au conte de Flandres et au conte de Campaigne et au conte de Blois et tant lor dona de ses eskallins que il jurerent la mort li roi, et traitiérent coment il en ouveroient.—Mais Diex qui n'oublie pas les siens, envoia une maladie au conte Phelippe dont il moru. Quant il se senti agrevé, si manda au Roi Phelippe son filleul que il venist à lui, et li dist quant il fu venus. — « Biaus fillues, faites prendre une corde et le me faites mettre entour le col et me faites traîner par toutes les rues d'Acre, car

lippe. « Au milieu de ces événements, dit Guillaume le Breton, le Roi entouré d'un petit nombre des siens, possédé d'une forte fièvre et souvent accablé d'un pénible tremblement, était malade et couché..., de violentes sueurs, de terribles chaleurs firent un si grand ravage dans ses os et dans tous ses membres, que les ongles tombèrent de tous ses doigts et les cheveux de sa tête, en sorte que l'on crut, et ce bruit n'est même pas encore dissipé, qu'il avait goûté d'un poison mortel... « Unde putabatur, et nondum fama quiescit, illum mortiferi gustum sensisse veneni ».

(*Philippidos*, lib. IV).

Gravabatur enim rex tunc morbo gravissimo, et ex alia parte regem Angliæ valdè suspectum habebat, quia rege celato frequentes nuncios ad Salahedinum mittebat, et mutua dona ab eo accipiebat.

(Rigordus, *de gestis Philippi Augusti*).

je l'ai bien déservi. » Quant li rois l'oï ensi parler, si quida que il ne fust mie bien en son sens, et li dist : — « Biaus parins que çou est que vous dites ? — En nom Dieu, dit-il, je sai bien que di. Saciés de voir, biaus fillues, que j'ai vostre mort jurée et çou et li quens Henris vostré niés, et li quens de Blois : et bien saciés de voir, que sé vous n'en alés errantment que vous serés mors et trays. — Hé, dist li rois, biaus parins, pour coi vous i accordastes vous ? — En nom Dieu, biaus fillues il m'euscent autrement ocis. »

Atant se parti li rois dou conte à grant mésaise de cuer et pensa toute la nuit que il feroit; et s'avisa que il feroit crier que tout li chevalier venissent mangier à sa court au tierc jour : et fist apareillier viandes à grant plenté, si que il convenoit à court de roi. Et ne quedent, il n'oublia pas çou que li quens de Flandres li avoit dist. Si fist atourner coiement sa nave et fist metre dedens que onkes mestiers li fu, et lendemain devant le jour, monta sour mer seurement atout ses privés.

Quant li quens Henris sot que li rois s'en aloit, si se mist en une barge et s'en ala après lui et le consuit, car il n'estoit mie encore lonc. Si li dist : «
» Biaus Sire, biaus cousin, me lairés-vous donc
» en celle estrange tère ? » — Li rois respondi et

dist : «— oïl! par la lance saint-Jaque(1), mauvais « traitres, jamais en Campaigne ne reutrerrés, né » vous né vostre oir! » Atant retorna li quens en Acre et vint au roi Ricart et li dist : « Sire, nous soumes destruict et hounit, car li rois s'en va en France et bien set par le conte Phelippe çou que nous avons traitiés ; et bien saciés que il nous destruira tous »— Lors fu mandés li quens de Blois et prisent conselgs que il iroient parler au conte Phelippe. En ces paroles on lor aporta nouvelles que li quens estoit mors. Et lors furent tout esbahi. Li cors le conte fu appareilliés et fu portés en l'église et fist on son siervice tel qu'il afferoit à si grant signor et fu enfouis en l'église saint Nicholaï d'Acre. Et vinrent li rois Ricars, li quens Henris et li quens de Blois et entrèrent en une cambre et prisent conselgs qu'il feroient. — « Par mon cief, dis li rois englois, je m'en r'irai en Engletére, et si tost come jou i venrai, jou prendrai le roi de guerre.— En nom Dieu, dist li quens de Blois jou m'en irai en Franche et crierai le roi merchi, car je ne doute moult que je ne soie désyreté ».

Dont fist li rois Richars atourner ses nés et

---

(1) Notre auteur est le seul qui fasse connaitre ce jurement habituel de Philippe-Auguste.

monta sour mer, et s'adrecha au plus droit et au mius qu'il pot vers Alemaigne et prist port, et s'en ala par tere à privée maisnie. Et tant erra qu'il vint à Osterriche et fu espiiés et connus : quant il s'apierchut, si prist la reube à un garchon et se mist en la quisine à tourner les capons. Et une espie le connut et l'ala conter au duc, et quant li dus le sot, si envoia tant de gens et de chevaliers que la force en fu leur, et fu li rois pris et envoiiés en .1. fort castiel et toute la maisnie en .1 autre : et fu menés li rois de castiel en castiel tant que nus n'en sot nouvièles : neis cil qui le gardoient, fors le duc seulement (1).

Chi vous lairons dou roi Richart qui est emprisonnés si dirons dou comte de Blois qui monta sour mer et venoit à Marselle, voile croisiet : et le prist uns grans orages, si grans que il sanbloit que la nef montast as nues et puis rechéoit si profont que avis estoit qu'elle chéist en

---

(1) La haine du duc d'Autriche contre le roi d'Angleterre provenait de ce qu'au siège d'Acre, Richard avait fait arracher et jeter dans la boue avec indignité l'étendard d'Autriche que le duc avait fait planter entre celui de France et celui d'Angleterre. « Le malheureux Roi, dit Velly, fut reconnu dans un cabaret, tournant la broche dans la cuisine et mené au duc qui le chargea de chaînes et le vendit à l'empereur Henri VI ».

l'abisme et avenoit priès la tère el fons. Quant li quens de Blois vit les mervelles, si fist traire sa barge et entra ens, lui quart de sa maisnie. Et après çou n'orent guières nagiét quant li vens les porta à une roche et peçoia toute la barge, et fu noijés li quens et tout cil qui avoec lui estoient, et li orages asserisa, et la nave vint à port de salu (1).

Or vous dirons dou conte Henri qui estoit demorés en Acre. Nouveles li vinrent que li rois de Cypre estoit mors et n'en estoit demorée que une seule fille. Il le requist à feme et on lui douna pour sa gentillèche et fu roi de Cypre, et en ot .II. filles dont li ainsnée demoura roine de Cypre, et l'autre fille ot mesire Evrars de Rameru et en quida avoir le comté de Champaigne; mais il remaint assés de çou que fols pense. Adonc avint que li rois de Cypre en ala en Acre, et vot emprunter deniers à un bourgois, et le traist d'une part de jouste une feniestre qui ou-

(1) Thibaut V, dit le bon, 8ᵉ comte de Blois, frère du comte de Champagne et de Guillaume, archevêque de Reims, mourut, suivant les historiens, durant l'expédition de la Terre-Sainte, vers 1191. Notre chroniqueur est le seul qui donne les détails qu'on vient de lire sur son naufrage. La commune opinion est qu'il fut tué au siège d'Acre.

vroit par defors, et estoit close sans fremer, et li
Rois si apoïa et maintenant li feniestre ouvri et
li roi chéi et brisa le col : et si chevalier et sa
maisnie coururent aval et le drecièrent et trou-
vèrent qu'il avoit le col romput; si demenèrent
grant duel. Li cors fu emportés en Cypre et fu
illuec ensevelis (1).

Chi vous lairons ester dou Roi de Cypre et
revenrons au Roi Guion et à sa feme la boine
roine qui demourèrent en la tere de Jhérusa-
lem, fors seulement Sur et Acre et Baru; né
puis n'en pierdirent riens né aquisent, et ves-
qirent XIIII. ans en cel estat. Et morurent après
li rois Guis et la roine sans oir de lor cor. Et
s'assamblèrent li Baron dou roiaume et fisent
roi par élection et tint le roiaume en tel point
que li rois Guis le tenoit au point que il moru.
De cel roi issi une fille qui puis ot espousé le roi
Jehan, si come vous orés conter cha avant.

Des-ore-mais revenrons au roi Phelippe qui
estoit entrés en mer et comencha li orages et
quidoit périllier de cop en cop, ou d'eure en
eure : et les ondes de la mer emportèrent la nef

(1) Telle est en effet la manière dont tous les historiens
rapportent la mort de Henry, comte de Champagne, arri-
vée en 1197.

si haut que avis estoit qu'elle fist as nues et puis rechéoit aval. En ceste eure estoit nuis oscure et li rois qui estoit fermes en foi et bien créans en Dieu, demanda as maroniers quele eure il estoit. Et il respondirent qu'il estoit entour myenuit. «Adont, dist le rois, aor soions asseur, car nous n'averons garde, car mi ami de l'ordene de Cystiaus sont relevé pour canter matines et pour proijer pour nous. »—Adonc s'apaisa li tourmens et fu la mer coie. Mais li rois ne se gardoit pas dou buverage que li traitour li avoient fait boire. Mais, Dieu merchi, li enherbemens ne fu mie à mort, mais li ongle li chéirent des piés et des mains, et pela tous, et fu tout l'an malade et puis revint en santé et fu tous haitiés et liés et joians.—Et vinrent li baron de France à lui et li disent : —« Sire, il seroit bien tans de vous marier. — Ciertes, dist li rois, je le voel bien et en voel ouvrer par vo conselg. — Par foi, dist li archevesques Guillaumes, qui ses oncles estoit, li quens Phelippes de Flandres est mort et la tere est escheue au conte Bauduin son frère, ne je ne sai en France plus grant home ni plus riche de lui, et il a une sereur biele et avenant et sage. Si vous loeroie que vous le presissiez à feme.—Sire, dient li autre Baron, vos oncles vous doune boin conselg. — Par ma foi, dist li rois, et je m'i acort ».—Adont furent elleu doi d'eus et alèrent à conte Bauduin et le trouvèrent à Lille en Flandres où il tenoit .1. parlement de ses barons. Atant descendirent li message le Roi, et entrèrent en la sale et saluèrent le conte et li baillièrent la lettre le roi. Li quens rechut la lettre et la bailla au Vesque d'Arras qui lès lui estoit. Li vesques liut la lettre et le despondi au conte à conselg. Li quens apiela ses homes et entra en une cambre : Et lors dist : « Biel Signour, li rois de France me requiert ma serour à feme. J'en voel ouvrer par vo conselg. — Sire, dient si home, li rois vous fait moult grant houneur nous vous leons tant que vous li dounés, atout tant de tère que il vous requiert ».—Et li quens respondi à ses homes que ensi le feroit-il.— Atant issi fors de la cambre et vint as messages le Roi et dist : — « Signeur, jai conselg que je ferai volentiers çou que li rois me sires m'a mandé.—Sire, dient li message, vous dites bien. Or vous dirons çou que li rois vous mande. Il voet avoir, avoec vostre serour, le contet d'Artois et Arras, Bapaumes, Pieronne, Saint-Omer, Aire, Hesdin, et toute la contet, ensi come elle s'estent.»—Li quens lor respondi et dist que il li donroit volentiers et plus encore sé li Rois voloit.

Atant se partirent li message dou conte et prisent congiet et esploitièrent tant par lor journées que vinrent à Paris où li rois estoit et ses consaus. Li message saluèrent le roi de par le conte Bauduin de Flandres et li disent : « Sire li quens nous rechut volentiers et liement et moult nous fist d'onneur pour vous, et li baillames vostre lestre. Et quant il fu consellié à ses homes qui là estoient, si dist que il vous mercioit moult del honneur que vous li aviés mandé, et voloit que vous eussiés sa serour, atout le conté d'Artois et plus encore si vous voliés; et si baron s'i acordèrent. — Adont respondi li archeveskes Guillaumes et dist au roi : « Sire, ormais n'est que dou haster la besoigne ». — Atant fist li rois escrire unes lettres et manda au conte que il espouseroit sa sereur au vintisme jour après celui jour à Amiens, et la menast à cel jour. Ensi fu fait come li rois le comanda et fu la damoisièle amenée à grant compaignie et moult i tint li quens Bauduins riche ostel. Atant vint li rois à Amiens et espousa la damoisièle qui avoit nom Ysabiaus, et ot grant fieste partout Amiens. Et demoura li rois .III. jours en la vile, et puis en ala en France. Et la roine fu menée à Paris, et la fu receue a grant sollempnité. Et mervelles s'amèrent entre li et le Roi. Et orent .I. filg qui ot nom Loeys en baptesme qui fu preus et hardis et vaillans, et ot cuer de lion. Mais tant com il vesqui ne fu sans paine et sans travail (1).

(1) Toute cette histoire du mariage de Philippe-Auguste avec Isabeau de Flandre a besoin d'être rectifiée. Philippe n'était encore âgé que de 12 ans, quand il épousa Isabelle de Hainaut, du vivant de son père, en 1180. C'est d'elle que Philippe eut un fils qui naquit en 1187 et qui régna sous le nom de Louis VIII. Isabelle mourut en couches, en 1190.

CHAPITRE VIII.

Coment li rois Ricars fu mis hors de prison par
Blondiel le menestrel.

Dés oremais vous dirons del roi Richart que li dus d'Osterriche tenoit en prison; et ne savoit nus nouvieles de lui, fors seulement li dus et ses consaus. Si avint qu'il avoit longuement tenu .I. menestrel, qui nés estoit deviers Artois, et avoit à nom Blondiaus. Cius afferma en soi qu'il querroit son signeur par touttes terres tant qu'il l'auroit trové ou qu'il en oroit novièles. Et se mist en chemin et tant erra l'un jour et l'autre, par laid et par biel, qu'il ot demouré an et demi, n'onques ne pot oïr nouvièle del roi. Et tant aventura qu'il entra en Osterriche ensi come aventures le menoit. Et vint droit au castiel où li rois estoit en prison. et se hièbrega ciès une vaine feme, et li demanda à cui cis castiaus estoit, qui tant estoit biaus et fors et bienséans? Li ostesse respondi et dist qu'il estoit au dus d'Osterriche. — «O biéle ostesse, dist Blondiaus, a-il ore nul prisonier dedens? — Ciertes, dist-elle, oïl, un qui ja estoit bien a .IIII. ans: mais nous ne poons savoir qui il est ciertainement. Mais on le garde moult sougneusement, et bien esperons qu'il est gentius hom et grant sires. » — Et quant Blondiaus entendi ces paroles si fu merveilles liés et li sambla en son cuer qu'il avoit trouvé çou qu'il quéroit. Mais ains ne fist samblant al ostesse. La nuit dormi et fu aise et quant il oï le gaite corner le jour, si se leva et ala à l'église proijer Dieu, qu'il li aidast; et puis vint au castiel et s'accointa au castelain de laiens, et dist qu'il estoit menestreus de vièle et volontiers demouroit avoec lui, s'il lui plaisoit. Li castelains estoit jouenes chevaliers et jolis et dist qu'il le retenroit volentiers. Adonc fu liés Blondiaus et ala querre sa vièle et ses estrumens et tant servi le castelain qu'il fu moult bien de laiens et de toute la maisnie et moult plot ses siervices. Ensi demoura laiens tout l'iver, onques ne pot savoir qui li prisoniers estoit. Et tant qu'il aloit .I. jour, ès fiestes de Pasques, par le jardin qui estoit lés la tour, et regarda entour, savoir se par aventure poroit veoir le prisonier. Ensi come il estoit en cette pensée, li rois regarde et vit Blondiel et pensa coment il se feroit à lui conoistre; et li souvint d'une canchon qu'il avoient fait entr'eaux deux, que nus ne savoit fors que eux deus. Si comencha haut et clèrement à canter le premier vier, car il cantoit très bien. Et quant Blondiaus l'oï, si sot certainement que c'estoit ses Sires. Si ot à cuer le plus grant joie quil ot onques mès à nul jour. Et se parti maintenant dou vergier et entra en sa cambre où il gisoit, et prist sa viièle et comencha à vièler une note. et en violant se delitoit de son Signeur qu'il avoit trouvé. Ensi demoura Blondiaus deschi à pentecouste, et si bien se couvri que nus ne se pierchut de son affaire. Adont vint Blondiaus au castelain et li dist: «Sire, » s'il vous plaist, je me iroie volentiers en mon » pays, car lonc tans a que je n'i fui — Blondiel, » biau frère, ce dist li castelains, ce ne ferez vous » mie, se vous m'en créés. Mais demorés encore » et je vous ferai grant bien. — Ciertes, Sire, dist » Blondiaus, je ne demouroie en nule manière ». Quant li castelains vit quil ne le pooit retenir, si li octria le congier et li donna boine ronchi noeve. A tant se parti Blondiaus dou castelain et ala tant par ses journées qu'il vint en Engletére et dist as amis le Roi et as barons, où il avoit le Roi trouvé et coment. Quant il orent entendu ces nouvièles si en furent moult liés. Car li rois estoit li plus larges chevaliers qui onques cauçast esporon. Et prisent consel entr'aus quil envoieroient en Osteriche au duc pour le roi raiiembre : et eslurent .11. chevaliers qui là iroient, des plus vaillans et des plus sages. Et tant alèrent par lor journées qu'il vinrent à Osteriche au duc et le trouvèrent en .1. sien castiel et le saluèrent de par les barons d'Engleterre et li disent : « Sire il vous mandent et prient que vous prendés de lor Signor raenchon : et il vous en donront tant qu'il vous venra en gré.» Li dus lor respondi qu'il s'en conselleroit. Et quant il s'en fu conselliés si dist : Signeur se vous le volés ravoir, il le vous convient racater de .11. cens mil mars d'esterlins; et si n'en prendés plus ma parole, car ce seroit paine pierdue. — Atant prisent li message congiet au duc et disent que ce reporteroient il as barons et puis si en eussent conselg. Adont revinrent en Engletere et disent as barons çou que li dus lor avoit dit. Et il disent que jà pour çou ne demouroit. Adonc fisent aprester lor raenchon et le fisent envoier au duc, Et li dus delivra le roi. Mais anchois li fist douner boine sureté que jamais il n'en seroit moliesté.

Ensi avint que li rois Richars fu raiiens; et fu recheus en Engleterre à grant houneur : mais sa terre en fut moult grevée et les eglises del regne, car il lor convint mettre jusques as calices, et cantèrent lonc tans en calisces d'estain (1).

Puis avint que li rois Richars gisoit une nuit en son lit et ne pooit dormir. et li vinrent pensées au devant felenesces et crueuses, et li souvint de son père Henri, le roi qui s'estranla

(1) Blondel, surnommé *de Nesles*, du lieu de sa naissance, a été l'un des chansonniers les plus estimés du XIIe siècle; son dévouement au roi d'Angleterre n'a été connu jusqu'à ce jour, que par le récit du président Fauchet, dans son livre *des anciens Poétes françois.* « J'ai une bonne chronique françoise, dit-il, qui dit que le roy Richard ayant eu querelle outre-mer contre le duc d'Austriche, n'osant passer par l'Allemagne en estat cogneu, et encore moins par la France, pour le doute qu'il avoit de Philippe-Auguste, se déguisa, etc.... » Fauchet cite ensuite un assez long extrait de sa chronique qui s'accorde de tout point avec la nôtre : le style en est seulement plus jeune. L'auteur de l'article *Blondel*, dans la *Biographie Michaud*, dit que cette chronique de Fauchet fut écrite en 1455 : et il est à remarquer qu'on a souvent élevé sur la réalité de ce précieux épisode, des doutes en raison seulement du défaut de monuments à peu près contemporains. La publication de la *Chronique de Reims* détruira complètement la force de cet argument négatif. — De toutes les chansons que Blondel a composées, il n'en est resté que vingt-neuf; elles se trouvent à la bibliothèque royale, *cabinet des manuscrits.* — Sinner, dans ses *Extraits de quelques Poésies* des XIIe et XIIIe siècle, cite une chanson qui porte le nom du roi Richard. Il la composa, dit Sinner, étant en prison dans les états du duc d'Autriche.

des riesnes d'un cheval (1), pour le despit dou roi Phelippe qui li couru sus, espée traite, à Gerberoi. Et li souvint de la prise de la raenchon que li dus d'Osteriche li avoit fait par le madement et par le proiières au roi Phelippe. Si en ot en son cuer si grant courou et si grant ire que il dist et afrema en soi meymes que jamais, en jour de sa vie, ses cuers ne seroit aise ne à pais, desci à donc qu'il en seroit vengiés. — Atant apparu li jours : li rois se leva et oï messe, puis apiela ses barons et son conselg et lor dist tout çou que il pensoit. Et si baron disent que voirement estoit-ce grans hontes et grans damages et bien faisoit à amander, et bien sceut qu'il estoient tout apparelliet de cors et d'avoir pour lui aidier. Et bien avoit pooir au roi Phelippe et d'amis et d'avoir; et si avoit-il. — Quant li rois Richars entendi que il ot le cuer de ses Barons, si en fu mervelles liés en son cuer, et fist maintenant escrire une lettre deffiable le roi Phelippe et sceller de son scel, et i avoit dedens que il ne le tenoit

(1) Dans une note précédente nous avons regardé comme une fable populaire la manière dont notre auteur rapporte la mort du roi Henry : *Le chronique de Flandres* s'accorde pourtant en cet endroit avec notre auteur, et dit pareillement que Henry fut trouvé étranglé avec les rènes d'un cheval.

CHAP. VIII.

ne à signeur ne à ami, et l'iroit veoir prochainement emmi sa terre : né jà ne seroit teus que il l'osast encontrer ne atendre. — Atant carga la lettre à .1. chevalier sage, et il le rechut de la main le roi : et ala tant par mer et par terre que il vinst à Orliens où li rois Phelippes estoit, et li tendi la lettre, sans saluer, et li dist : « Sire, li rois Richars d'Engletere vous envoie ces lettres : faites savoir s'il vous plaist que il i a : car je ne voel mie longement chi demourer ».

Li rois fist ouvrir la lettre au vesque d'Orliens qui estoit dejouste lui, et les lut et puis dist au Roi : « Sire, li rois Richars vous mande deffianche et dist que il vous venra veoir prochainement emmi liu de vostre tere, ne ja ne serés teus que vous l'osés atendre.»

Quant li rois oï çou que li rois Richars li ot mandé, si pensa .1. poi et dist : « Diex, nostre Sires, qui est tous poissant, nous puet bien aidier ! Et saciez que se vostre sires vient en nostre terre pour mal faire, nous li serons au devant à tant de gens come nous porons avoir. » — Atant se parti li chevaliers dou roi, sans saluer, et passa mer et trova le roi Richart à Londres, à tout grant chevalerie et li dist : « Sire, j'ai esté en France, si trouvai le roi Phelippe à Orliens et li baillai vostre lettre et il le fist lire, puis dist que se vous entrés en sa terre, que il vous sera au devant, atant de gens que il pora assambler. »

Atant demorèrent les paroles. Li rois Richars fist faire ses nès et tentes et pavellons à grant fuison, car il en avoit bien le pooir, et atourna son oirre à grant esploit : car il n'atendoit fors le saison dou nouviel tans, et li rois Phelippes ne s'oublia pas, ains fist refremer ses castiaus et ses marces, et fist pourvoir vins et viandes et gens, si come pour lui deffendre et sa terre, car il redoubtoit moult le roi Richart pour sa proèche et pour son hardement.— Atant vint li nouviaus tans et li mois de mai fu entrés et li rois Richars entra en mer à tout grant chevalerie. Et orent boin vent et boin oire. Et arrivèrent à Dyeppe .i. port de mer, en Normandie, qui estoyt siens : et issirent fors des nés et vinrent à Roen sa cité, qui estoit à .1111. liues dou port. et ensi sejournèrent, pour aus reposer et apparellier. Adonc comanda li roi Richars que li os errast et s'en aiast droit à Gisors qui estoit uns siens castiaus fors et bien séans et estoit à .viii. liues de Biauvais. Et quant il furent là venu, si séjournerent .ii. jours; et au tiers jour comanda li rois que li os errast et alast fourer; dont véissiès ribaus (1) et garchons

(1) *Ribouds*, *Ribaldi*. Suivant Rigord, c'est sous le règne

et à piet et à cheval espandre parmi Biauvoisis, et prendre pors, vakes, moutons, auwes, capons ; et chevaus et kievres et paysans amener en l'ost, dehors Gisors où on estoit logiet. Et faisoient tout le mal que il pooient faire par le terre et par le pays. Ensi furent une pièche dou tans que il faisoient lor volentés defors forterèches, que nus ne lor deffendoit : tant que il avint que renoumée qui partout vole en vint au roi Phelippe : et li fu dit que li rois Richars estoit à Gysors à tout grant gent, et prendoit et gastoit toute

---

de Philippe-Auguste qu'il est question pour la première fois de cette espèce de milice. C'était, dit-il, des hommes déterminés qu'on mettait à la tête des entreprises périlleuses, telles qu'escalades, prises-d'assaut et autres semblables actions de vigueur et de hardiesse. Le libertinage auquel ils se livraient a fini par rendre leur nom infâme. Je crois aussi que Rigord s'est trompé, ou que l'on interprète mal son texte, et qu'on a tort d'en conclure que les Ribauds étaient une espèce de corps d'armée. Il y avait toujours eu des ribauds, garçons et goujats dans les armées du moyen-âge, il y en eut jusqu'au moment où tous les citoyens, sans distinction de naissance, furent soumis au service militaire.—Les ribauds avaient leur chef qui prenait le titre de roi ; comme à cette époque faisaient tous ceux qui occupaient le rang supérieur parmi leurs semblables. Ainsi disait-on *le Roi des merciers, le Roi des jongleurs, le Roi des mégissiers, le Roi des ribauds*.—(*Voyez* Ducange.)

la terre de Biauvais. Quant li rois entendi tous paroles, si en fu moult courouciés et manda le comte de Chartres, le comte de Sansoirre, qui prudome estoit, le vidame de Cassiadun, monsigneur Guillaume Des Barres (1), mon signeur Alain de Roussi, et moult d'autres preudomes qui ne sont mie chi noumet; et lor montra le desroi dou roi Richart, qui ses homes devoit iestre et lor enquist conselg coment il en ouverroit. — Sire, dist li quens de Sancerre, se il vous plaist, nous qui chi sonmes, irons celle part et nous trairons en Biauvais et verrons que ce pora iestre: Et se Dieu plaist, li Englois ne nous desyreteront mie. » — Lors comanda li rois que il s'apparellaicent au plustost que il peuissent, et lor fist bail-

(1) *Guillaume Des Barres*, comte de Rochefort, dont il a déjà été question dans notre chronique, était un des plus vaillants et des plus illustres guerriers de l'armée de Philippe-Auguste. « Le Nivernais, dit *G. Coquille*, a produit bien assez de personnes de grand entendement, de grand cœur et de grande valeur.... Etaient de ce pays les seigneurs des Barres, surnommés les Barrois, desquels avec ce nom parlent en toute honneur de chevalerie les anciennes chroniques de France.... Les armes de cette maison étaient d'une croix nillée de sinople en champ d'or. — » *Guy Coquille* — hist. du pays et duché de Nivernois. 1612—p. 338.

ler deniers et caretes. et quant il furent apparelliet d'armes et de chevaus, si s'en alèrent droit à Biauvais, et là se contre-atendirent et fisent avant garde et arrière garde, et chevauchièrent vers Gysors. et cil de Gysors revinrent contre aus et i ot grant hustin et i ot d'une part et d'autre pierdu et ghaegniet, et s'en partirent atant à celle fois : et souventes fois refaisoient ensi. Et avint que li rois Richars manda au comte de Sancerre et as barons que il mangoient le pain le roi pour noient. et s'il estoient cel que il osaissent venir à l'ourmiel devant Gysors, il les tenroit à preus et à hardis. Et li François lor remandèrent qu'il i seroient lendemain devant tièrce, et le copperoient ou despit de lui. Quant li rois Englois entendi que il venroient l'ourmiel copper, si fist fierer le tronc desous de bendes de fier tout entour, et avoit bien .v. toises de gros.

Et lendemain par matin s'armèrent li françois et fisent .v. escièles de lor gens, dont li quens de Sancerre conduist l'une, li quens de Chartres l'autre et li quens de Bretaigne la tierce, et li quens de Neviers la quarte, et mesire Guillaume Des Barres et Mesire Alains la quinte : et chevaucièrent dusques à l'ourmiel à Gysors, les arbalestiers et les carpentiers devant, à boines haches trenchans et as boins martiaus picois pour ragier les bendes dont li ourmiaus estoient loiiés, et s'ariestèrent à l'ourmier et ragièrent à forces toutes les loiures et les coppèrent jusqu'en terre cui que il en pesast. Et li rois Richars ne s'ariestoit mie endementiers, ains avoit fait .v. escieles ausi, et se feri contre François come preus et hardis, et fu recheus des François bien et hardiement et brisièrent lor lames, et en i ot moult de mors et d'abatus. Puis traisent les espées et s'entremellèrent li uns ès autres et i ot grant capléis : et merveilles i faisoit li rois Richars de bièle chevalerie et abattoit chevaliers et chevaus et erragoit heaumes et tiestes et escus de cols, et faisoit tant de mervelles que François en estoient tout esbahi. Et d'autre part, li Barrois se remaintenoit si bien que il n'encontroit chevalier que il ne mesist à terre, et tant le doutoient que nus d'aus ne l'osoit atendre. Ains li faisoient tout place : Et en son bien fait li rois Richars le regardoit et en ot grant anui. Car il le haoit d'armes de piécha, si prist une grosse lance forte et roide et li escrie : — « Barrois, barrois, trop avés chevauciés ! » — Quant li Barrois l'entendi si le conneut bien et raga une forte lance en la main d'un escuier, et fiert chevaus des esporons contre le roi et li rois contré lui. Et s'entrevinrent si très durement de pis et de chevaus, que il faisoient toute la terre bondir ; et se férirent sour les blasons si roidement que il rompirent poitraus et chaingles et se portèrent à terre par dessus les crupes des chevaus, lor siele entre lor cuisses ; et salirent sus et traisent les espées des fuerres, et se férirent grans cols sour les heaumes et sour les escus. Et ne péust remanoir, se la bataille durast longuement, que li uns ne pierdist. Atant salirent nos gens d'une part et d'autre et remontèrent cescuns les leur ; et se départirent atant, et ala cescuns à son repaire, car li nuis les aproçoit. — Ensi demoura jusques à l'endemain que li rois Richars oï messe.

Atant ès vous .1. message broçant à espourons qui descendi as degrés de la sale, et monta amont et demanda le roi. Et on li ensegna et il ala celle part et le salua et li dist : « Sire li quens de Glociestre à cui vous aviez baillé Engleterre à garder est mors : et sont cil de vostre pays moult esbahi. Car li rois d'Escoche et li rois d'Irlande et li rois de Galles sont entré en vostre terre, et vous i font moult grant damage. Pour Diu, Sire, si y metés consels si que vous devés, qui sires et rois en iestes. »

Lors apiela li rois de ses Barons les plus vaillans et les plus sages et lor requist conseilg. Et il respondirent que il n'i avoit autre conselg que il s'en r'alast hastivement en Engleterre et emmenast avoec lui de ses homes, desquels qu'il vorroit, et qui plus li seroient pourfitable, et li remanans demouroient ici, et garderoient le castiel, et contralieroient les François et lor feroient despendre les deniers le roi. — « Par ma foi, dist li rois, vous dites bien. — » Atant se parti li rois du conselg et fist le lendemain apparellier son oire et eslut del mius des barons et s'en ala en Engletère et trouva son pays troublé, et les gens esbahis si comme gens sans signour.

Chi lairons dou roi Richart et dirons dou roi Phelippe qui ot eu lettres dou comte de Sancerre qui estoit Cievetains de l'ost, que li rois Ricars s'en estoit alés en Engletère, à tout les millours de ses Barons. Si se pensa li rois que ore estoit-il poins: si fist escrire ses briés et envoijer à tous ses féaus et lor manda que il fuscent tout à Biauvais à armes, dedens .i. mois, si come il devoient. — Et il s'i furent efforciement et trouvèrent le roi qui ja veuus i estoit. Si fist avant garde et arrière garde de chevaliers preudomes per l'ost gouverner et vinrent à .i. matin devant Gisors et tendirent los très et lor pavellons tout entour le castiel, au giet d'un arbalestre à tour. Et cil dedens issirent fors et les destourbèrent çou qu'il porent. Mais riens ne valu, car trop estoient poi contre les François, et cius n'i estoit pas qui lor confors estoit. Ensi furent François logiet. Et lendemain au matin, commenda li rois que li engien fussent dreciet. Et fist jieter en la ville perrières et mangouniaus esforciement, et furent cil dedens si destraint en poi de tans et par nuit et par jour, qu'il ne sorent que devenir né que faire. Car on avoit tant ocis d'aus que la tierce partie n'estoit mie en vie. Et quant li Ciévetains de Gysors vit que tout aloient à la mort, si manda au Roi Phelippe qu'il renderoient le castiel dedens . 1. mois sé il n'avoit conselg dou roi Richart. Li rois li otria le respit, et en prist ostages le fil le Ciévetain. A tant fist li rois clesser les engiens de gieter et d'assalir, et li Ciévetains envoia en Engleterre au roi Richart que il le venist secourre car il estoit si apriessés que poi de sa gent i avoit mais de remanant. Et li convenoit le castiel rendre pour estevoir, dedens . 1 . mois. Quand li rois entendi le mant don Castelain si fu moult iriés et fist escrire moult hastiement unes lettres et manda au castelain que à cel jour n'i pooit-il iestre, mais por Dieu qu'il se tenist tant come il peust : car il le secourroit au plus tost que il poroit. Endemetiers que li tiermes demoura, li rois de France demoura devant Niors .1. castiel fort et bien séant, qui estoit au roi anglois, et i envoia une partie de sa gent : et vinrent là si coiement que cil de là nès pierchurent, et furent si sourpris qu'il s'enfremèrent dedens le castiel tout à

5.

1. fais. Ensi fu li castiaus pris; et les garnisons prisent et misent en prison. —Et quant li rois Phelippes le sot si en ot très grant joie. Endemetiers li messages que li castelains avoit envoijés en Engleterre fu revenus, et ot au Castelain données les lettres dou remant son signeur; si vit bien qu'il n'averoit pas encore secours de son signeur, si rendi au roi Phelippe le castiel de Gysors qui tant estoit biaus et fors: et li Rois le fist garnir de boine gent et de quankes mestiers lor fu. Atant se parti li rois Phelippes d'iluec et ala par toute Normendie et y faisoit assés de çou qu'il voloit par defors fortereches.

Adont avint que li rois Richars ot finée sa guerre en Engleterre et s'en revint en Normandie au plus tost que il pot et au plus efforciement, et arriva à Dièpe .1. soir; et l'en demain, devant le jour, fist sa gent armer et errer celle part où li rois estoit. Et li rois chevauçoit adont à privée maisnie, et ne quidoit avoir garde pour çou qu'il quidoit que li rois Richars fust en Engleterre. Mais li vilains dist en son proverbe : *qu'en 1. mui de quidance n'a pas plain pot de sapienche.* Jà fust çou que li rois Phelippes fust li plus sages princes dou monde, et souvent avient que sages hom fait grant folie. — Et adont n'estoit pas li Barrois avoec lui, mais mesire Alains de Roussii estoit qui moult haoit li Barrois et li Barrois lui. mesire Alains se regarda et vit au puijer d'un tiertre grant fuison de chevaliers armés et vit lonc de lui reluire l'or et l'asur des armeures. Et dist au roi : « Sire moi est avis que je vi orendroit chä outre grant plenté de banières et de pignons, et nous sommes en terre de guerre : si nous armeriens, sé vous m'en créés : car li rois Richars est moult chevalerous et moult set de guerre. — Coment, dist li rois, Alain, par la lance Saint-Jaques! je ne te vi onkes mais couart, fors maintenant. — Par mon cief! dist mesire Alains, je suis cius qui s'en taist atant. » — Adont se regarda li rois et vit que les banières aproçoient et tous li pays peuploit de gent : si apiela mon signeur Alain et dist : « Alain sé tu le looies, il seroit boin que nous fusciemes armet. » Et me sire Alains respondi. « Sire à bièle eure en parlés, et saciés de voir que çou est li rois Richars sans faille, et vous di por voir que nous serons pris. Mais saciés le bien, montés sour le plus courant diestrier que vous avés, et vous en alés à Gysors qui est priès de chi à garison et je demourrai chi endroit et vestirai vos armes et ferons dou mius que nous porons. » — Adont monta li rois sour .I. diestrier fort et seur et s'en ala vers Gysors, grant aleure. Et fu pierchéus de l'avant garde et coururent après plus de II. cent. Mais il estoit désarmés et cil estoient armé, et s'estoit mius móntés d'eaus tous, et s'en ala par effort de cheval jusques à Gysors et fu rechens laiens hastéement.—Et mesire Alains de Roussi demoura et prist les armes le roi et fist .11. eseièles de tant de gens come il ot et les mist en conroi. A tant ès vous le roi Richart et sa gent et se fièrent entr'aus et li François les reschurent vigheureusement à tant de gens come il estoient, et se deffendirent mervelles bien. Mais lor bien faire ne lor valu riens. Car trop estoient poi contre les Englois, et li rois Richars estoit très boins chevaliers de sa main. En la parfin furent pris li François et en prisent les Englois desquels qu'il vorrent, et fu mesire Alains pris armés des armes le roi. Quant li rois Richars le vit, si li escria : « En non Dieu, Rois, or vous tieng-je! — Ciertes, dist mesire Alains, non faites, ains tenés Alain de Roussi, .1. povre vavassour!— Qu'esche diable, dist li rois, ies-tu çou Alains? Je quidoie par S‘-Thomas tenir le cors dou roi! Hé, dist li rois Richars, puis que jou ai fali au cors dou roi, ai je au mains le Barrois?— Ciertes, dist mesire Alains, nennil: car il n'est pas chi; et saciez de voir, que sé il i fust, vous eussiés esté pris ou mors. »—Ceste parole fu reportée au Barrois qui moult le haoit, et pour ceste raison fu faite acordance. Atant se parti li rois Ricars d'enki atout ses prisons, et s'en alla à Vernon .1. castiel qu'il avoit, qui moult estoit biaus et bien séans sour Saine, et fist departir ses prisons par ses castiaus : et mon signeur Alain retint avec lui, et l'enmena à Roem, et là séjourna une pièche (1).

(1) « Les Français, dit Rapin Thoiras, ne parlent que des avantages remportés par Philippe, et passent légèrement sur ses pertes. Les Anglais, cependant, entr'autres avantages, font valoir une victoire que remporta Richard entre Courcelles et Gisors. — Philippe, disent les Français, s'étant avancé à la tête de 500 chevaux, pour reconnaître les ennemis, fut sur le point d'être enveloppé et contraint de se retirer dans Gisors avec précipitation. — Il est certain, continue Thoiras, que Richard écrivit en Angleterre au sujet de cette action, une lettre qui se trouve dans le recueil des actes publics, dans laquelle il se vantait d'avoir remporté ce jour-là une glorieuse victoire... Il se trouve même des historiens anglais qui prétendent qu'à l'occasion de cette victoire, Richard ajouta aux armes d'Angleterre la devise *Dieu et mon droit*. Mais j'ai de la peine à croire que cette devise soit si ancienne, ni qu'elle doive son origine à cet événement. » — Cette affaire, suivant les *Chroniques de St.-Denis*, coûta cher à la France. « Là, fut pris Alains de Rouci, Mathieus de Marli, Li joenes Guillaumes de Mello, Philippes de Natuel, et maint autre dont nous taisons les noms. »

CHAPITRE IX.

Coment li rois d'Engletiere entra en France.

Or vous dirons dou roi Phelippe qui estoit à Gysors et manda sa gent et les raloia, puis s'en revint en France, et là soujourna une grande pièche. Et li rois Richars qui estoit à Roem, fu trop dolans de Gysors et de Niors qu'il ot pierdu. Si prit une partie de sa gent et les envoia ès marches pour destruire le pays, et l'autre partie emmena à 1. castiel le roi Phelippe, qui estoit ès marches et l'assist. Et fu devant grant pièche, ançois qu'il le prist. Et fist si bien les chemins gaitier, que nus messages ne pooit issir. Et tant fist devant le castiel qu'il le prist par force. Et fist à cescun des arbalestriers un poing copper, et as siergans à cescun . 1. oel crever : et les chevaliers fist raiiembre et les laissa aler par mitant. Et quant li rois Phelippes le sot, si l'en anoia moult; Mais il ne le pot amender à celle fois. Car une grans maladie li prist qui bien

CHAP. IX.

li tint an et demi, porquoi il n'i pot entendre.

Or, revenrons au roi Richart qui bien faisoit ses ours thiner, et n'estoit qui li contredésist et faisoit quankes il voloit defors forterecces; et prendoit proies ès paysans et tourbloit si le pays qu'on n'i semoit né ahanoit nient, né faisoit nul gaegnage, tant comme la terre de la Marche duroit et encore outre; mais les forterèces le roi estoient garnies de bonnes gens et de vins et de viandes, et quankes mestiers lor estoit, si que il n'avoient garde dou roi Richart, et néquedent il les tenoit si cours qu'il ne savoient pooir de movoir cascuns de sen lieu.

CHAPITRE X.

Coment li roi Ricars se combati au roi d'Espaigne.

Done avint qu'on dist nouvieles au roi Richart, que li rois d'Espaigne avoit assis La Riole et Le Bray-Gerart .II. boines viles siennes: et quant il entendit teus paroles, si crolla la tieste et dist que par l'ame son pere, biel li estoit! et que ensi ne demouroit-il pas; et que or avoit li rois d'Espaigne enveillet le chien qui dormoit, et piécha c'on dist el provierbe : *tant grate kièvre que mal gist.* Adont assambla li rois Ricars de sa gent une grande ost et monta sour mer: et tant nagièrent qu'il arivèrent à Baïone, une sienne cité qui séoit en Gascoigne, sour mer. Et là, furent .VIII. jours, et au noevisme jour, comanda li rois l'ost à errer et au plus tost quil porent entrèrent en la terre le roi d'Espaigne, et misent tout le pays eu feu et en flame, et prendoient proies, et gastoient blés et vingnes et gardins, et destruisoient quankes il ataignoient: et coururent

CHAP. X.

ensi .xiiii. jours, ançois que li rois d'Espaigne le seust. A tant se parti de l'ost au roi Ricart une espie et s'en vint tout droit à La Riole où li rois d'Espaigne tenoit son ost et li dist : « Sire malement est. Li rois Ricars est arrivés à Baione atout grant gent, et saciés que il vous a fait jà grant damage, car il art et destruit quankes il ataint de fors forterèces, et n'est nus qui li contredie » — Quant li rois oï ces paroles, si ne li fu pas biel et pensa en son cuer que il averoit encontre, car li rois Ricars estoit hardis et courageus, né riens ne li lairoit dou sien. Mais il quidoit que li rois Phelippes l'eust si ensoumiet é que il n'ust pooir de là aler. Mais en si ut dire que esperer et quidiers furent doi musart. — Atant se traist li rois Ferrans d'Espaigne d'une part et apiela son conselg et lor dist : « Signeur conselliés moi, car j'en ai grant mestier. Vieschi le roi Ricart qui est entrés en ma terre et bien sai qu'il est trop outrequidiés et s'il pooit tant faire qu'il péust de moi goïr, bien sai de voir ne porteroie la vie : ou au moins je seroie mis en prison. — Parfoi dist li baron et ses consaus tous, vous ne trouverés nului qui ne vous loe à mander vo arrière ban dont vous avés assés. Et mandez secours, sour avoir et sour vie à pierdre, et mandez que nus n'i demoure, et qui demourra il demorra sous la hart. Et bien saciez devoir que vous avez aillours .II. tans de gens que vous n'avez chi et si iestes en vostre terre et toujours vous croistront gent. » — A cel conselg s'accordèrent tout: et li rois fist escrire ses briés et les envoia hastement par toute sa terre et vinrent au jour qui lor fu mandés et li rois Richars les aprocha à .III. lieus et manda au roi Ferrant bataille au tierce jour. Et li rois Ferrans li remanda qu'il l'auroit volontiers et moult en estoit désirans.

Qui lor véist d'une part et d'autre haubiers roller, glaives enfierer, pourpoins et quiriés et escus euarmer, et sieles et poitras apparellier, et chevaus fierer et prendre garde cescuns soigneusement que riens ne li falist. Quant vint au tierc jour, si se levèrent tout; et cescuns des rois fist faire de sa gent escièles et atourner et rengier ensi comme il lor sambla que mius vosist. Et ot en cescune escièle connestable preudomme et gentil qui les gouvrenoit. Atant s'aproient les os et joustèrent ensamble, et moult en i ot d'abatus et de navrés et en orent à cel poindre li Englois le piour. Mais la seconde escièle les secouru vighereusement et moult cargièrent lor aviersaires. Quant la seconde escièle des Espaignois vit audessous sa partie, si se ferirent entre aus isnelement et moult en ocisent et abatirent.

Puis se ferri ens la tierce d'une part Et la tierce d'autre part ; et puis la quarte et la quinte. Et furent tout mellet. Et ot illuec tant de chevaliers et de chevaus mors et abatus que nus ne le saroit dire né nombrer.—Atant ès vous le roi Richart lance sour fautre et aloit criant : « Rois Ferrans d'Espaigne, où iestes vous alés ? véeschi le roi Richart qui vous vient deffendre la Riole, et le Brai-Gérart et toute la terre de Gascoigne; et vous n'avez droit et vous en iestes privés comme desloiaus et mauvais ! Mais vous quidiès que li rois François m'eust tant donné à faire que je ne peusce chà venir?»—Et lor li issi de la bouce .1. mos de grant beubanche. « Ciertes, dist-il, je liverrai assés batailles et vous et le roi de France tant que je vivrai!»—Hélas! il quidoit assés plus vivre qu'il ne vesquit. Quant li rois d'Espaigne s'oï clamer traitour, si ne li fu pas biel, et fiert chevaus des esporons et s'en va celle par où li rois Ricars estoit, et joint l'escu à son col qui estoit poins de sinople a .111. castiaus d'or, Qui senefioient qu'il estoit rois de Castiele. Et tint le lance roide et mut au roi Ricart et li rois Ricars à lui qui estoit armés d'une vermelles armes, et tint la lance baissie, et meut au roi et s'entre-vienent de si très grant vertu que chaingles né poitrail ne lor porent aidier que cascuns d'eaus ne chéist à terre, lor sièles entre lor piés. Et salirent sus au plus tost qu'il porent et traisent les espées des fuerres et s'entre-dounèrent grans cops et ne peust mais remanoir que li, quel que fust, n'i receust grant domage. Car il estoient andoi boins chevaliers. Mais la gent de cascune partie souscouru le sien, et furent remonté par une force : et dura li estours jusques à nonne, mais li Espaignois en orent le pioùr ; Car il estoient mal armé et ne savoient mie tant de guerre comme li Englois. Et meyment il prendoient cuer au roi Richart lor signeur qui faisoit tant d'armes que tout cil qui le véoient en avoient grant mervelle. Neis li rois d'Espaigne ne l'osa onques puis encontrer qu'il l'ot assaijet. Quant li rois Ferrans et sa gent virent qu'il ne poroit plus endurer, si tournèrent le dos et Englès encaucièrent jusques à la nuit oscure que li uns ne vit l'autre. Adont coururent as tentes le roi Ferrant, et la nuit i jurent et i trouvèrent çou que mestiers lor fu et mervelloux trésor. Et l'endemain revinrent à Baioine et montèrent en mer baut et liés et joiant. Et arrèrent par mer .xi. jours et arrivèrent à Dovre .1. sien castiel et illuec menèrent grant joie de la victore lor signour (1).

(1) Je n'ai trouvé nulle trace dans les historiens, de cette guerre de Richard contre le roi d'Espagne.

CHAP. X.

Et quant li rois ot soupé si ala coucier et ne pot dormir. Et li souvint de Gysors et de Niors qu'il avoit pierdu.—Si, se pensa qu'il iroit asségier Gysors et le prendroit par force, car il avoit le plus de sa gent avoec lui. Et li rois Phelippes estoit malades. Si, fist sa navie aprester et sa gent apparellier et monter sour mer, et il i entrèrent volentiers à son comant, car il estoit larges et courtois. Et tant alèrent que il vinrent au port à Dieppe qui siens estoit, et i prisent cou que mestiers lor fu. Et fist esrer son ost dusques à .1. castiel qui estoit le roi Phelippe qu'on apieloit Loche, qui moult estoit biaus et bien garnis et bien séans, et estoit moult en sa grevance; si se traist celle part et l'assist, et fist assalir jour et nuit. Mais cil dedens le deffendirent vigheureusement et il estoit assez gent et bien garni. Et avint .1. jour que li rois Richars aloit remirant le castiel une targe devant lui, et fu pierchus d'un arbalestier qui estoit en une tourièle. Si mist .1. quariel en coche et traïst au Roi, et le feri à descouviert au tournant de la drete espaule, et le navra durement. Quant li rois se sentit navré, si se traist arrière, et furent li Mire apparelliet qui li traisent le quariel hors de l'espaule tout entier, et li ciercièrent la plaie, et li disent que il n'auroit garde, sé il se voloit bien se garder. Mais li rois qui estoit de grant cuer ne prisa riens la plaie, né le conselg des mires; si but et manga tant come lui plot et jut à femme (1) et sa plaie comencha à foursanner et li feus i feri, et en poi d'eure en fu tous pour is licostés et li bras. Et quant li rois vit qu'il ardoit tout et que morir le convenoit, si comencha à plaindre soy meyme et à regretter et disoit ensi : »ha ! rois Richars morras tu donc ! haa! Mors come i es hardie quant tu oses assalir le roi Richart ! hée chevalerie, come ore iras à declin? hé povres dames et povre chevalier que de venrés vous ? hée diex qui retenra mais chevalerie, larghèce né courtoisie ?» — Ensi se complaignoit li rois. Et quant i vit qu'il le convenoit morir, si comenda que ses cuers fust enfouis à Roem, pour l'amour qu'il il avoit; Et ses cors fust emportés à Londres et enfouis en la mère église. Atant trespassa et rendi esperit : qui soit en la joie de Paradis s'il plaist à Dieu ! car plus larges né plus courtois ne remest el monde né miudres chevaliers de sa main et de lui affiert-il à dire celle parole qui fu dite par la bouce le Roi, de Saül, le premier roi qui onkes

(1) Nec lethalis erat percussio, sed medicorum
    Rex et amicorum monitus audire salubres.
    Aufugit : unde, malæ veneris dum gaudia sano
    Præfert consilio, mortem sibi nescius adscit—(adsciscit.)
    Atropos et filum jam ruperat.....
             (Guillelmi Britonis. — Philip. lib. V.)

CHAP. X.   81

fust en Judée ou premier livre des rois, quant Saül et Jonathas ses fius furent ocis en le bataille de Gelboe. La parole si fu tele : « *Comment sont péries les ames batelleresses? Comment sont cheu li fort d'Israhel? vous noble chevalier d'Israël, plorés: Ieus et Saul sont mort et cheu!*» Teles paroles et plus bieles furent dites dou Roi Saül et de Jonathas son filg, quant il furent ochis ès montaignes : les queles paroles affierent trop bien au roi Richart. Lors quant il fu mors, si comencièrent à faire ses gens le plus grant duel du monde, et se départi li os d'enki et s'en alèrent à Roem, et là fu enfouis li ceurs le roi Ricart (1). Et li cors fu portés à

(1) Tous les historiens sont d'accord avec notre chronique sur la blessure mortelle et les derniers moments de Richard Cœur-de-Lion. Seulement ils mettent le lieu de la scène dans le Limousin, pays dépendant de la Guienne, que possédait Richard, et non point en Normandie :

« En l'an de l'incarnation MC et XCIX, ot li Rois Richars un chastel assis près Limoges en la première semaine de la Passion nostre Seigneur. Au vicomte de Limoges estoit cil chastel, si avoit nom Chau-Licz. (Castrum Lucii de Capreolo, vulgairement appelé Chalus-Chabrol). La raison pourquoi il ot ce chastel assis, si fu pour ce que uns chevaliers du païs avoit trové un trésor en terre, et cil trésors, si come l'on disoit, si estoit un empereres de fin or, sa fame, si fil et ses filles, et tuit séoient à table d'or pur; si i'etoient lettres escrites qui donnoient à entendre à ceus qui les lisoient,

6

Londres où on en fist grigneur duel qu'onques fesist-on d'omme; et fu enfouis en le mère-église à grant honneur et li fu faite tombe bièle et riche, tèle qu'il afferoit à Roi.

que cil empereres avoit esté et come grant tens estoit coruz puis que il régna. Ce trésor demandoit li Rois Richars à ce chevalier; mais il estoit traiz à garant au viscomte, et s'estoit mis en ce chastel. Ensi tenoit li Roi le siège, et fesoit assalir chascun jor moult efforciement. — En dementiers que il estoit un jor à assaut, uns arbalestiers de la garnison du chastel traist un quarrel à la volée attaignist le Roi Richart; par aventure, non mie à penscement, si que il il fist mortel plaie. Par cele plaie qui guarir ne pot, mourut li rois en poi de tans après. » (*Chroniques de Saint-Denis*).

CHAPITRE XI.

Coment Jehans de Braine fu rois de Jhérusalem.

ATANT le lairons dou Roi Richart qui fu mors sans oir de sa char, et dirons dou Roi de Jhérusalem qui fu fais par élection et regna .VIII. ans; et moru la roine sa feme, et en demoura une fille; et fu li Royaumes en la mainas barons, et orent le main-burnie de la damoisièle et le garderent jusques atant qu'elle ot eage de marier.

Des or mais dirons de Jehan de Braine qui fu fius le comte Gautier de Braine, le vieil, qui ot plusours enfans ainsnés de celui Jehan; si vot li quens Gautiers que Jehans ses fius fust clers : mais il ne le vot iestre, ains s'enfui à Clerevaus, où il avoit un oncle, frère sa mère, qui li faisoit livrer çou que mestiers li estoit. Et il prendoit en gré çou qu'on li faisoit, car il estoit jouenes, de l'eage de .XIIII. ans. Et avint .I. jour que che-

6.

valier de son linage aloient au tournoiement, et virent l'enfant Jehan qui estoit à la porte ; et le virent biel enfant, et bien tailliet et bien sanbloit gentius-home. Si s'ariestèrent à le porte et demandèrent qui cis enfens estoit? Et on lor dist qu'il estoit fius le comte Gautier, et s'en estoit affuis à Clerevaus, pour çou qu'il ne voloit mie iestre clers. — Et li chevalier disent qu'il faisoit bien et li venoit de boin cuer et de gentil ; si le fisent prendre à .I. escuier et monter sour un soumier, et le menèrent avoec aus en .I. tournoi où il li livrèrent .I. ronchi, puis le menèrent de marche en marche et de tournoi en tournoi. Et tant crut li enfans et enforcha qu'il sot bien aidier son ami en la plus grant priesse deu tournoiement : et tant servi que il ot .XXIIII. ans. Et quant li sires de Castiel-Vilain à cui il siervoit, vit et coneut son sens, si vot pour sa proèche qu'il fust chevaliers et le fist chevaliers. Et fu preus et chevalerous, et le tint de maisnie. Adont prisent li ami conselg ensamble et requisent le comte Gautier son père qu'il li donnast tière : car il leur sambloit qu'elle i seroit bien emploïe. Et li quens lor jura que ja, né à mort ne à vie, n'averoit denrée de sa terre : et d'iluec en avant ot il a non *Jehan-sans-tere*. Mais pour çou ne demora mie que il n'alast as tournoiemens et as poignéis de guerre, Et en toutes marces ou autre chevalier aloient pour querre los. et si ami li donnoient quan qu'il li convenoit por la proèche de lui. Ensi erra grant pièche, et moult acquist grant los et grant pris de chevalerie. Et tant couru de lui la renommée par toutes teres qu'on le sot en la tere de Surie. Et s'assemblèrent li baron et s'acordèrent a çou qu'il l'envoieroient querre pour la damoisièle et en feroient roi. Ensi come il fu devis et ensi fu fait, et fu mandés par lettres des barons. Et quant il sot ces novièles, si en merchia moult notre seigneur. Et le fist savoir au seigneur de Castiel-Vilain, et au seigneur de Joenvile et à ses autres amis qui moult en furent joiant et liès. Et li livrèrent cou que mestiers li fu, deniers, reubes et chevaus, et armeures et chevaliers de son linage, pour compaignie tenir et pour l'ouncur de lui.

A tant se parti Jehan sans tere de ses amis et de sa contrée et prist congié a tous et erra tant par ses journées qu'il vint à Marselle en .xiii. jours et trouvèrent la nave apparellie, et misent dedans quonque mestier lor fu et montèrent sour mer à .i. mardi matin. Et diex qui tous les biens donne lor donna si boin vent qu'il furent passé dedans .xxxi. jour et descendirent en Acre à grant joie. et i soujourna .xv. jours pour la lassece de la mer. Adont vinrent li Baron à lui et li disent : « Sire, nous vous avons mandé pour vostre bien et pour vostre preu. Et savons que vous iestes gentius home et preus de chevalerie et loiaus; Et nous ne veymes où li roiaumes de Jhérusalem fust mius emploiés que en vous. » — « Diex, « dist Jehan-sans-terre, » le vous otroie. » — Et rechut la damoisièle et l'espousa en l'église Sainte-Crois; et moult i ot fait grans noches et bieles, et durèrent .viii. jours plenières et au cief de .viii. jours furent menés à Baru et la furent coronés andoi. Car c'estoit adont li lius où on coronoit les Rois de Jherusalem pour çou que Sarrasin tenoient adont Jherusalem. Einsi come je vous ai contés fu Jehans-sans-terre rois de Jherusalem et pierdi le non de Jehan-sans-terre. Et ot non li rois Jehans de cel jour en avant, et tint le roiaume bien et à droit : et fu boins justiciers et regna lonctans come boins rois (1); et

(1) Les historiens parlant de Jean de Braine ou Brienne, disent qu'on ne sait rien de sa jeunesse, ni de l'époque de sa naissance : ils racontent seulement que les chrétiens de la Palestine ayant fait demander à Philippe-Auguste un époux pour Marie fille d'Isabelle et de Conrad de Montferrat, héritière du royaume de Jérusalem, le roi de France choisit Jean de Brienne, qui réunissait toutes les qualités d'un vrai chevalier français. La continuation de Guillaume

ot de la roine une fille qui puis fu feme l'emperour Feldric. Et de Feldric issi uns fius qui puis

de Tyr (attribuée à Bernard le Trésorier) s'accorde assez avec notre chronique. « Or vous dirons de la terre de Jérusalem : il avint chose que li cuens Henri fu mort et que la terre echaï à la fille le marquis que li hassisis (les hassassins) occistrent. Elle n'ot point de signor, ains fist l'en d'un sien oncle Baillit de la terre, jusques à tant qu'il auroit trouvé à qui il la donroient et de qui il feroient seignor..... Il avint chose que li patriarches et li evesque et li chevalier de la terre et li templier et li hospitalier s'assemblèrent ensemble et prirent conseil ensamble à cui il porroient donner la demoiselle et faire roi de la terre. Là estoit uns chevaliers quant ensemble estoient, et se leva en piés, et lor dist qu'il savoit un chevalier en France qui n'avoit point de feme, et estoit haut hons et prodons, et s'il s'i voloient accorder, il li estoit bien avis que li roiaumes li afferroit bien et qu'ele i seroit bien emploiée. Il demandèrent qui il estoit, et comment il avoit nom. Il lor dist qu'il avoit nom le cuens Johans de Brène. Il en parlèrent ensemble et s'en conseillèrent et iot asses de ceux qui bien le connoissoient, et avoient oï parler de li, et s'accorderent lui de demander, le querre et de donner li la demoiselle, et d'en faire le roi... Li message vinrent à lui, là où il estoit en France et li dirent que cil de la terre d'outre-mer le mandoient querre por lui faire roi. Quant il oï ce, si dist qu'il en prendroit conseil. Il ala au roi de France et li dist que l'en l'avoit mandé querre por estre roi en la terre d'outre-mer.—Le roi li conseilla bien et li loa qu'il i alast. Il ala et arriva en Acre, où l'en le receut à grant honor et à grant signorie, puis ala à Sur, et espousa sa femme, et portèrent corone. »

ot le fille le duc de Bavière et de cel filg issi uns fius qui dent iestre rois de Jherusalem. Si avint que la roine de Jherusalem moru qui moult estoit boine dame et sainte. Et fu entierée en l'église Sainte-Crois. Si avint .1. poi apriès que li rois Jehans prist à feme le fille le Roi d'Iermenie et en ot .1. filg qui fu apielés Jehans en baptesme pour la raison de son père qui Jehans avoit non. Et ne vesqui cius enfans que .VIII. ans et moru.

Or nous lairons chi dou roi Jehan, car bien i revenrons quant tans et lius en sera. Si vous dirons del apostole Innocent qui ot entendu que la terre de Jhérusalem estoit en la main des Sarrasins et le traitoient vilainement et n'i estoit mie fais li siervices nostre signeur. Si en fu mervelles meüs en pitiet. Et fist assambler .1. concille général de toutes les ordènes desous la loi de Rome. Et furent à .1. jour à Rome : et là atourna-on moult de comandemens qui estoient nécessaire à sainte eglise : là establi-on que une clokete fust portée avoec *corpus domini,* car on ne i portoit point. Et fu atournée que li prestre qui avoient capes à mances les averoient reondes ; Et moult d'autres comandemens qui ne sont mie bien gardé ne tenu. Et là parlèrent de la terre de Jhérusalem qui estoit en mains as Sarrasins. Si en devoit iestre sainte eglise moult irée et toute sainte crestientés. Et s'acordèrent à çou qu'on precheroit des crois. Et envoièrent legas par le pays. Si ot non li legas de france maistres Robiers de Crescon et estoit englois : Preudome, mais volentiers buvoit; par dieu ! ainsi sont maint preudome. Cil croisa moult de peule et s'en alèrent à .ii. ales : li première ale arriva à Acre à une saint michiel et moult i ot grant gent : et orent conselg que il iroient assegier Damiette, et en dementiers lor croisteroient gent. A çou s'acordèrent tout li haut home et fisent aprester lor naves et montèrent sour mer et vinrent à Damiette et prisent port. Puis étendirent lor très et lor pavellons et prisent tère et se hébregièrent au mieus qu'il porent. Et quant Sarrasin s'apierchurent, si orent grant paour et fremèrent lor portes et garnirent lor tournièles et mervelles s'atournèrent bien pour deffendre. Et mandèrent à Saladin qui adont estoit soudans de Babylone qu'il les venist secourre, car il estoit sires de Damiette. Car li rois Jehans et la crestientés de France et de Lombardie et de Toscane et d'Alemaigne ont assise Damiette et bien savent que cest li clés de la terre. Adont s'assamblèrent tout li haut home à Baudas et prisent conselg que il feroient. La fu li soudans de Damas qui ot non Corradins, et estoit frères germains Saphadin le soudan de Babylone. Si i fu li soudans de Coigne et cius de l'Escamiele, et cius de Halappe, où li boin chevalier sont de païenie, et moult d'autre soudant et amirant, et s'acordèrent tous que il deffenderoient Damiette : et mandèrent au soudan de Babylone que il seroient avoec lui à .1. jour qui mis fu. Et orent conselg coment il esploiteroient. Ensi furent grant pièce que li un ne meffisent riens as autres, et toutes voies crestijen ourdèrent et fisent fosses et boines liches par deviers la berrie.

Et fisent .1. pont de nès parmi le flum qui moult estoit larges et parfons pour tolir ceaus de Damiette le port, car par enki lor venoit tous li biens. Et fisent .II. os, l'une d'une part le pont, et l'autre d'autre part; et ce fu la cose qui plus lor greva.

Chi vous lairons ester del Roi Jehan et de s'ost, si vous dirons de l'autre partie des crestiens qui estoit demourée; si come li elleus de Biauvais qui fu frercs mon signeur Gautier de Nantuel, et me sires Andrius ses frères me sires Jehans d'Argies : li quens de Puigniet; li sires de Loupines qui preus estoit, et me sires Jehans Fuinons et moult de preudome que je ne vous noumerai pas, car grant anuis seroit de tant de gens nomer. Et ot li elleus de Biauvais la disme des clers de par l'apostole. Et apparellièrent lor naves et montèrent sour mer et nagièrent tant sans destourbier qu'il vinrent en Acre et demandèrent où li rois estoit. Et on lor dist qu'il estoit devant Damiette qu'il avoit assis et ja i avoit esté .I. an. Quant li esleus l'entendi si fist ses naves apparellier et montèrent l'en demain sour mer. Et vinrent en .VI. jours à Damiette et se logièrent avoec les autres qui moult grant joie lor fisent. Mais ne lor en vint sé mal non, si come vous arez en avant.

CHAPITRE XII.

Coment Sarrasins orent victoire par le Vesque de Biauvais.

Or vous dirons de Saladin, le soudan de Babylone, qui estoit à .II. lieus près de l'ost logiés : et toutes les fois que crestien assaloient à Damiette, li Sarrasin assaloient as crestiens pour aidier à ceaus de Damiette. Car il ne pooient entrer en la cité fors parmi l'ost as crestiens. Ensi se maintinrent jusques à .I. jour que li legaus et li esleus et li rois et li autre baron fisent .I. parlement ensamle et disent que ce seroit boin qu'il alaissent assalir as Sarrasins, et sé Dieu plaisoit il aroient victoire. « Par foi, » dist li rois Jehans, « ce seroit boin à faire s'il nous venoient priés, mais ce n'est riens d'aus requerre de si lons, et tousjours les averons as liches sé nous volons. » — « Voire, » dist le esleus de Biauvais, « Sire Rois, vous vorriez que nous demorissièmes chi tousjours. » — « Ciertes, » dist li Rois, « non feroie; Ançois, croi, que vostre alée vauroit mius que vostre demorée, et nequedent j'en voel faire quanke li autre en vorront faire : et aviegne que avenir en pora !

A çou s'acordèrent toutes voies qu'il manderoient au soudan de Babylone bataille : et li soudan lor otria au jour St.-Jehan décolasse. Et bien saciez pour voir qu'onkes crestien ne se combati à cel jour as Sarrasins, qu'il ne fussent vaincu. Li crestien s'apparellièrent au mius qu'il porent et li Sarrasin d'autre part. Et fisent lor escièles ordener et metre en conroi et crestien qui furent outrecuidiet ne regardèrent mie que la fins de la besoigne poroit devenir. Et les requisent une liue lonc parmi le sablon caut et ardant. Et feroient li cheval adies ens jusques as genous, et les gens à pied ausi. Et quant il approcièrent les Sarrasins cil à piet furent si ataint qu'il pierdirent tout lor cuers et lor alaines et se desconfirent par eus-meymes et tournèrent en fuies, vers les lices. Et quant Sarrasin les pierchurent si lor coururent sus, et en ocisent tant come il vorrent. Et tout fussent mort se ne fust la chevalerie qui estoit en l'arrière garde qui soustint le fais des Sarrasins qui moult les arguoient. Et tant soufrirent crestien qu'il ne porent endurer plus, car li jors estoit caus et il estoient pesament armé : et estoient venu de lonc et Sarrasins estoient nouviel et legièrement armé, et povoient soufrir le caut il et lor cheval; et fisent des crestiens lor volonté. Et fu pris li elleus de Biauvais, et mesires Andrius de Nantuel ses freres, et mesires Jehan d'Archies et li sires de Loupines et mesires Jehan Fuinons et moult d'autre preudome qui furent mené à Cahaire en .i. castiel devant Babylone qui estoit au soudan. Et la lor estut endurer prison et anui. Et quant li rois Jehans le sot et li légaus et li autre baronie, si en furent trop dolant et endoutèrent plus les Sarrasins et se fisent mius escargaitier. Et pour çou ne demora mie qu'il ne tenissent lor ost ensi come devant et destraignoient si ceaus de Damiete, que nus n'i pooit entrer né issir. Ensi furent une grant pièche que Saladins né li autre soudant ne se murent. Et cil de Damiette estoient à grant mescief. Et avoec çou il avoient une maladie en lor bouce qui lor toloit le boire et le mangier, et moroient comunément. Et i avoit une si orible puour en Damiete des cors à ceaus qui estoient mort que nus n'i pooit durer, ainçois moroient presque tout, que pour la maladie que pour la puour. Et furent si adolé qu'il ne pooient plus soufrir. Si prisent .i. coulon messagier qui avoit esté nouris en Babilone et fisent escrire unes lettres ès queles lor mesaises estoient escrites et lor mortalités, et que pour Mahom il les secourust, car il en avoient grant mestier : et bien seust qu'il n'avoient point de ciévetain, car il estoit mors en la maladie comune : et requéroient que on lor envoiast ciévetain gentil home, et preu et sage qui bien gouvernast la cité : et tournèrent les lettres au coulon de sous sa diestre eile. Puis le laissièrent aler, et il regarda son chemin et s'adrecha vers Babilone et vola tant qu'il vint au colombier ou il avoit esté nouris. Quant cius qui gardoit le colombier le vit, si l'ala errant nonchier au soudan : et li soudans dist qu'il le prist et li aportast; et il si fist. Et li soudans prist le coulon et li destaka la lettre de desous l'eile et le fist lire : et oï coment il estoit ceaus de Damiette. Si en fu moult coureciés et il le dut bien iestre, car c'estoit li ciés de sa terre. Et prist conselg coment il en ouverroit. Et li fu loé qu'il i envoiast un home sage et vighereus pour iestre ciévetains. Et maintenant fist atourner .I. cuir de beuf de .IIII. doubles, ausi ront come .I. oef. et fu cius mis dedans à tout la lettre le soudant, et fu li vaissiaus bien cousus et poiés, et fu assis en l'aigue, en tèle manière qu'il ne pooit thumer, né afondrer, et estoit tous el flume fors qu'il apparoit desus et avoit .I. trau el comble de seure par quoi il reprendoit s'alaine. Ensi fu mis el flum, et flota tant li vaissiaus que il vint au ponst que li crestien avoient fait parmi le flun. Et li crestien avoient tendut une roie parmi l'aigue, de lonc en lonc le pont pour les aventures qui avenir pooient. Et quant vint à la myenuit, li vaissiaus ariesta au pont par le roit qui là estoit et demora jusques au jour que on vit le soumeron qui paru par defors et alèrent celle part et fu li vaissiaus saciés fors à graus de fier, et fu aportés à terre et fu pecoiiés et en fu gietés li Sarrasins atout la lettre. Et le fist li rois lire et avoit devens que li porteres estoit cousins le soudan et l'envoioit à Damiette pour i estre cievetains, et sot la couvine ceaux de la cité. Et li rois le fist mettre en aniaus et bien garder songneusement duskes à une nuit qu'il avint que les gardes furent yvres et dormirent si fort que li prisons escapa, et s'enfuioit par derriere les tentes. A tant s'es veillièrent les gardes qui le gardoient et crièrent haro ! haro ! et le quéroient parmi l'ost. Et li prisons estoit ja si eslongiés qu'il estoit as daerraines tentes. Et tout fust escapés se ne fuscent boulenghier qui estoient relevé pour pestrir, et oïrent les aniaus sonner et crièrent après, *Prendés le prison,* et couroient après. Et li uns d'eaus le consuivi et tenoit en sa main une hache et l'en feri parmi le cief et l'ocist. Et li rois en fu trop dolans quant il le set. Car il en eust eu grant raenchon, ou cange d'aucun gentilhome.

Dès ore mais vous conterai de Salhadin le

soudant de Babilone qui moult estoit destrois de
cuer de Damiette qu'il quidoit pierdre; et assamla tous les haus princes de s'ost, et lor dist :
« Signeur, sé nous pierdons Damiette, nous avons
tout pierdu, car c'est la clef de vostre terre et par
illuec nous vient toute nostre pourveanche; si
deveriens metre grant paine de nostre cors ançois
que nous le pierdissiemes : Car, par Mahom, sé
elle est pierdue je dout qu'elle ne soit jamais recouvrée. Si me sui apensés d'une cose, sé vous le
loés, c'est que nous mandons au roi et au légat
que nous renderons tous les prisons viés et nouviaus que nous tenons et toute la terre que li rois
Amauris tint fors le Crac et Mon roial que teus
gens tiennent où nous n'avons pooir. Mais tant
en renderons pour ces .II. castiaus eescun an come
li doi castiel poront valoir. Et si aront triuve à
.xx. ans; mais que tant facent qu'il ostent le siège
de devant Damiette». — A cel consels s'acordèrent tout et fisent venir les prisons devant aus,
et lor disent ces paroles qui moult lor furent bieles.
Et esluront li prison .II. d'eaus pour porter ceste
besoigne, dont li uns ot nom mesire Andrius de
Nantuel, et li autres mesires Jehans de Harchies.
Et les raplegièrent li autre sour les tiestes à coper,
et vinrent en l'ost au tref le roi. Et fu mandés li
légas et tout li baron et lors dist mesire Andrius :

7

« Signeur, nous soumes chi envoiet de par le Baronie de Paienie qui vous mandent par nous la plus biele paix qu'onkes fust offierte as Crestiens. Car il vous rendront tous les prisons qu'il tienent viels et nouviaus, et toute la terre que tint Amauris, fors le Crac et Mon roial, car ces .II. castiaus ne vous puent-il rendre pour çou que teus gens les ont où il n'ont pooir. Et pour ceaus vous rendront-il autant come il valent par an. Et si averés trives dusques à .XX. ans mais que tant faciés que vous ostés le siège de devant Damiette et vous en ralez en vos pays. » — Li rois et li légaus et li baron disent qu'il s'en conselleroient. et furent grant pièche à consels, et moult i ot de paroles dites, les unes contre les autres, et bien vosissent aucun d'eaus que on le fesist pour lor amis qui estoient en prison. Et li autre disoient que ce n'estoit pas boin à faire. Car il avoient illuec demouret plus de .II. ans et i avoient soufiert caut et froit et grandes mesaises eut. Et i avoient despendu le leur ; et estoient sour le point de prendre la cité ; ne ja ne s'i acorderoient. Et à la vérité dire, cil estoient pris par lor orguel et par l'esliut de Biauvais qui plus avoit d'orguel en lui que n'ot Nabugodonosor qui par son orguel fu mues, .VII. ans en bieste, si com on list en Daniel le prophète. — A cel consels s'acordèrent li plus des Barons et cil s'en ralèrent tout plorant, et noncièrent au Soudan çou qu'il avoient trové et as prisonniers, qui trop en demenèrent grant duel: et aussi en pesa au soudant car il avoit plus en la queriele que tout li autre.

7.

CHAPITRE XIII.

Coment Damiette fu prise.

Nau vous lairons des prisons qui estoient à grant viuté et à grant mésaise en prison à Cahaire, et demenoient lor duel entre aus, et n'avoient espéranche que jamais fussent délivrés. Si vous dirons dou roi qui tenoit son siége devant Damiette; Et avint une nuit que les gaites de l'ost, aprbolèrent les murs de la cité et escoutèrent; né riens n'oïrent de nulle part, né as murs né as portes. Si vinrent au roi et li disent: « Sire, il nous sanle qu'en Damiette n'a nului; où il sont mort, où ils s'en sont fui. Parfoi dist li rois, or n'i a fors que de l'assalir; or as escièles, et qui premier i enterra, il aura mil besans. » Adont furent dreciés les escièles, et ataciés as murs, et montèrent, amont qui mius mius, et entrèrent dedens la cité. Né ne fust qui lor contredesist, car il estoient tout priesque mort et malade; et vinrent as portes et copèrent les fléaus, et entrèrent ens cil de l'ost; et trovèrent si grant mortalité de Sarasins que a peine pooient-il durer pour la pueur. Mais li rois fist porter les cors as chans et ardoir. Et fut la cité netoiie. Et entrèrent ens li rois et li légaus, et tout li autre; et trouvèrent la cité bien garnie de forment, de vin, et d'armeures et d'or et d'argent et de quankes apiertenoit à boine ville. Ensi demorèrent à Damiette jusques à .I. jour que li prince et li baron parlèrent ensamble et disent : «que sera-ce? serons dont au mais enclos en ceste cité, où riens ne faisons? — Alons conquerre Païennie; car Sarasin se sont espart, ne jamais ne seront rassamblé; et vecs chi .I. castiel qui a nom Tenis, pries de chi à .IIII. lieus, que nous prendrons au premier cop. Et se nous l'aviesmes pris, nous auriens de legier Babylone. A cel conseil s'acordèrent tout et vinrent au roi et au légat et lor disent ces paroles. Et li légas dist que c'estoit boin à faire, et li rois respondi que li légas disoit sa volenté, né ne savoit pas à quoi ce montoit : car Sarasin estoient moult sage et estoient sour le leur, et bien veoient lor millour quant tans et lius en estoit ; Et adont estoient coureciét pour Damiette qu'il avoient pierdue. — Se loeroie endroit de moi que on soufrît dechi atant que la venue del flun soit passée. — « Clertes, dist li légas, il me sanle qu'il vorroit mius li alers que li demourers. — Ciertes, dist li rois, et je crois qu'il vorroit pis; et nonpourquant jà pour moi ne demourra, né je ne voel que on m'en mette blasme sus. — Par ma foi, dist li légas, or n'i a fors dou mouvoir et de l'aler, et maintenant que que nous venrons là, nous l'asserrons et le prenderons. » — Mais il fu tout autrement. Adont fisent l'ost esmouvoir et vinrent à Tenis qui à mervelles séoit biel, car il séoit en une fourceure de .II. riviéres, dont li .I. bras couroit à diestre, et li autres à semiestre. Et avoit campaigne entre .II. où on pooit ahaner et cultiver, et là fisent Crestien lor trés porter à navie et passèrent le flun. Et tendirent lor très et assisent le castiel. Mais il n'i demorèrent pas grantment quant Saladins le sot qui moult estoit sages Sarrasins. Et fist le flun escluser et reculer contremont et espandre parmi l'ille où li Crestien estoient logié. Et ançois qu'il fust mienuis, il se trouvèrent en l'aigue flotant: et tout fusent noiiet sé li Soudans vosist. Mais il estoit sages durement, et bien savoit que parmi les prisons et parmi ceaus del fluh illuec raveroit-il Damiette. Et s'il les noioit il n'averoit mie moult gaegniet. Car Damiette estoit bien garnie de boine gent et pour çou les tint-il en tel destroit et lor fist savoir que sé il ne rendoient Damiette il les feroit tous noiier.

CHAPITRE XIV.

Coment Sarrasin rorent Damiette.

Quant li rois et li baron virent qu'ensi estoit, si se tinrent à musart et disent que mius lor venist avoir creu le consels le roi, et fisent cel pais come il porent avoir, tout à la volenté le soudan. Et li soudans lor delivra tous lor prisons et viès et nouviaus et plus ne vot avoir douleur que Damiette, ensi come il le trouveroit garnie. Et maintenant fut otroiie dou roi et des crestiens et ne vot li soudan autre seureté né autres ostages, né de templiers né d'ospiteliers prendre que le cors le roi. Et convint par vive force que li cors le roi demourast en ostaiges tant que Damiette fust rendue. et on dist piecha : *Ensi fait qui mius ne puet*.—Ensi fu la cité rendue. Et li rois et li baron delivret. Et monterent sour mer et vinrent en Acre et descendirent illuec et i furent une pièche. Et avint que Miles li esleus de Biauvais qui estoit elés d'eaus, s'en vot revenir en Franche, et tout cil qui en estoient alé avoec lui ; et monterent sour mer et arrivèrent à St.-Nicholai dou Bar, et de là alèrent par terre dusques à Rome et trouvèrent l'apostole. Et requist qu'il fust sacrés ; Et li apostoles dist qu'il le sacreroit volentiers ; et le sacra et en oinst avesques : et li fist caucier uns sollers que li clerc apielent cendales qui senefient que il ne doit passer en vain nul pas. Et puis li viesti-on le rocket qui est blans, qui senefie caastet. Et après li mist-on la mitre sour le cief, qui senefie humilitet. Et puis après l'aube qui est purement blanche, qui senefie virginité. Et puis le mist-on le fanon au bras seniestre qui senefie astinenche ; car li bras seniestres qui est loijés doit retenir ; Et li diestre qui est desloijés doit donner. Et puis li mist-on l'estole entour le col qui senefie obédience. Après li viesti-on le tunique, qui doit iestre vers, en la quele on list l'épistole, qui senefie soufrance. Et puis après la daumike en quoi on list l'évangile qui doit y estre blanc et senefie droiture. Et par deseure tous les viestemens li viesti-on la casure, qui doit iestre de pourpre vermelle, qui senefie carité. Et puis li mist-on le croche en la main seniestre qui estoit crochue desure et ague par desous, qui senefie miséricorde et vengance : car li prélas doit les peccours atraire par prédication et par boine example; et en doit avoir miséricorde et alegier partie de sa penanche. Car on le poroit si espoenter de ses péciés qu'il en kleroit en desesperanche. Et c'est uns des peciés que Diex het plus : et pour çou est la croche courbe deseure, et si est aguë par desous, pour çou que li prelas doit donner pénitenche poignante as pecheours tout ausi que li pointe de sa croche est, et pour çou que on ne doit mie dou tout quiter au pecheour le pénitanche de son péciet. Car qui le quiteroit il en renkieroit plus legierement. Aprés on li mist l'aniel au doit, qui senefie mariage. Car il est espous à sainte église. Et puis li mist-on la mitre au cief qui doit iestre blance et a .ii. cornes dont l'une senefie confession et l'autre satisfacion. Eusi fu li elieus de Biauvais sacrés. Et li apostoles li donna à tenir les vaus d'Alise et les tint une grant pieche c'onques n'i fist se mal non.

CHAPITRE XV.

Coment li Sarrasins raconta les aventures Salehedin.

Ni vous lairons ester de l'evesque de Biauvais, car bien i revenrons. Si vous dirons dou boin roi Jehan d'Acre qui demora en la terre de Surie et se maintint adiés come preudome et estoient trives données entre Crestijens et Sarrasins à .xx. ans. — Si avint .I. jour que li rois estoit en Acre et li dist-on qu'il tenoit .I. gentilhome en sa prison qui Sarrasins estoit. Et li rois comanda que on l'amenast par devant lui et fu li Sarrasins amenés devant le roi. Quant li rois le vit, si li plot moult et li demanda qui il estoit? Et il li fist dire par .I. drughemant que il fu oncles à Salehedin qui tant valut. Et li rois le regarda moult et remira sa faeǵon et vit qu'il estoit grans et drois et bien tailliés et bien fais de tous membres, et estoit d'un grand eage, et estoit viermaus el vis, et avoit la barbe blance qui li avenoit très qu'emmi le pis, et estoit treciés à une trèche grosse et longhe qui li avenoit duskes as hanches; et très bien sanloit preudomie. Et quant li rois l'eust tant regardé si commanda que il se sist, puis li fist demander par .I. drughemant des aventures Salehedin. Et il dist qu'il en diroit assés et de vraies. — Lors dist li Sarrasin : Sire, je vis mon seigneur Salehedin, qui estoit rois de Babylone et avoit .xxx. rois à justicier, qu'il fist .I. varlet preu et bien enraisnie monter sour .I. destrier et aler par toutes les boines viles; et portoit .III. ausnes de toile atachies sour une lanche, et crioit à cescun quartfour des rues : Plus n'en portera Salehedin de sa grant seignourie ne de tout son trésor que ces .III. ausnes de toile pour son souaire. — Après il fist une autre merveille. Il oï parler de la grant carité del hospital d'Acre et oï dire que nus mesaisiés n'i estoit refusés, et li donnoit-on quanques il demandoit, sé on le pooit avoir.— Si pensa Salehedins qu'il assaieroit sé c'estoit voirs ou non.— Si prist bourdon et eskerpe et esclavine et se tapi au mieux qu'il pot: et en vint tout droit en Acre et fist le malade et le mesaisié et chemina dusques al hospital, tout clopiant, et proia pour Dieu qu'on le hebregast, car il estoit moult agrevés.— Quant li maistres le vit qui recevoit les malades, si le rechut pour çou qu'il li sambla besoigneus : et maintenant le fist coucier et aaisier çou qu'il pot. Et li demanda qu'il poroit mangier? Cil qui faisoit le malade dist qu'il n'avoit cure de mangier, mais pour Dieu on le laissast reposer, car il estoit trop fourmenés et lonc tans avoit desiré à morir en l'ospital avoec les malades de laiens. Atant le laissièrent en pais et il se prist au dormir tout le jour et toute la nuit; et le lendemain li demanda li maistres des malades s'il voloit mangier et il dist qu'il n'en avoit talent et qu'il ne poroit. « Amis, dist li maistres, mangiés ! Sé vous ne mangiés vous ne porez vivre longement ! — « Ensi geuna Salehedins .ii. jours et .ii. nuit sans boire et sans mangier. Et li maistres revint à lui et li dist : « Amis, il vous convient prendre aucune cose pour vostre soustenance, car nous serions trop blasmé se vous chaiens moriés par defaute. — Sire, dist Salehedins, je croi que je ne mengerai jamais en ma vie sé je n'ai d'une cose que je désire à mort, et bien sçai que je ne l'averoie mie, car ce seroit foursenerie à demander et à voloir. — Ha biaus frère ne doutés mie à requerre, car li hospitaus de chaiens est de si très grant carité, qu'onques mes malades n'i fali à son desir, sé on le pot avoir, pour or né pour argent. Et demandés hardiement car vous n'i faurés mie. » — Quant Salehedins oï le maistre si afremer, si dist qu'il demanderoit. « Je demande, dist-il le piet diestre de devant de Moriel, le boin cheval le grant maistre de chaiens, et voel que je le voie couper devant moi présentement, ou sé çou non jamais ne mangerrai. Or avez oï, dist Salehedins, mon desirier. Mais pour Dieu! vous proi que vous n'í faciés force, et mius vaut que je muire, qui sui uns povres hom, que tele bieste muire qui tant vaut! Car on dist pour voir que li grans maistres n'en prenderoit mie mil besans d'or. » — Atant le laissa li maistres et ala conter au grant maistre et li dist la requeste au malade. Quant li grans maistres l'entendi si pensa .I. poi et li vint à merveilles dont tele volonté li venoit? Et dist au maistre des malades: « Prendés mon cheval et li assouagiés son désir. Car mius vaut que mes chevaus muire que uns hom. Et d'autre part il nous seroit reprouvé à tous jours mais. »

Atant fu li chevaus amenés devant le lit ou Salehedins gisoit, et fu loijés et abatus à terre. Et fu apparelliés uns varlés, une grant hache en sa main et .I. blokiel en l'autre et dist: « Le quel piet esche que li malades demande? — Et on li dist: le diestre piet devant. — Et il prist le blokiel et mist desous le piet et entesa la hache a .II. mains et vot férir si grant cop come il pot entéser, quant Salehedins escrie: « Tièn toi: ma volentés est assouagie, et mes desirs mués en autre manière : Je voel mangier char de mouton. » Lors fu li chevaus desloijés et remenés en l'estable. Et quant li grans maistres le sot, si en fu moult liés et li frère de laiens et donna-on au malade çou qu'il avoit désiré et manga bien et but car il n'avoit piecha mangiet. Et puis demoura .III. jours laiens, et fist on çou qui lui plot. Après demanda sa reules et son bourdon et esclavine et prist congiet au maistre et moult le merchia des biens et del l'honneur et de la courtoisie qu'il li avoit faite. Puis s'en rala en sa terre et n'ot pas oublié çou que on li ot fait en l'ospital et fist faire une charte et sceler de son seel, et i avoit escrit dedens :

« Sacent tout cil qui sont et seront, que jou Salehedins, soudans de Babylone, lais et donne à tous jours perpétuellement à l'hospital de S. Jehan d'Acre, mil besans dor, pour lincheus et pour courvretoirs à couvrir les malades dou dit hospital et les assigne à prendre sour mes rentes de Babylone ceseum an, au jour de la St-Jehan-Baptiste. Et voel que pour guerre que soit, entre Sarrasins et Crestiens on ne les laist à paier. » —

Ensi fu la carte faite et lor envoia et manda que bien seussent li maistre que ce faisoit-il pour la très grant carité qui estoit en la maison, et

pour çou qu'on li hébrega : si n'en sot-on mie: à
ces enseignes que il demanda le piet diestre dou
cheval le grant maistre, et li vot-on coper par-
devant soi ; mais il nel vot soufrir. » — Quant li
Crestien virent la carité que Salehedins lor envoi-
oit si en furent mervelles lié, car il conoissoient
tant Salehedin que il ne mentiroit pour riens. —
Et adies puissedi ont esté paijet li mil besant et
les paie-on encore.

Encore, dist-li Sarrasins, fist il autre cose, car
li maistres de Cesaire qui adout tenoit la cité de
par le roi de Jhérusalem et estoit li castiaus
bien garnis de chevaliers de siergans et d'arba-
lestiers, mais par sa très grande convoitice il am-
enrisçoit cescun jour les garnisons de laiens : et
en m'étoit l'argent et l'or en ses coffres. Et avint
que li rois ses sires, le sot, et li manda que il
faisoit trop mal et que la cités en seroit pierdue.
Car il estoit trop long de Crestiens et à tart li ven-
roit secours se besoins estoit; Et que Salehedins
estoit sages et malicieus et bien savoit conoistre
son pis et son mieus. Et li marcis li remanda que
sé besoins estoit, il feroit salir mil cheva-
liers de ses coffres. Ceste parole fu raportée à Sa-
lehedin par une espie qui li dist toute la cou-
vine dou marcis et de ceaus dedans. Et li dist que
la garnisons estoit ja si apeticie qu'il ne i avoit

on poi ou nient laiens.—Quant Salehedins le sot si fu moult liés et semonst ses hommes moult privéement à .II. lieus de Cesaire, et furent là tout assamblet, .I. samedi au soir et murent .III. lieues devant le jour et vinrent à la journée à Cesaire, et l'assalirent de toutes pars et drecièrent escièles as murs. et quant cil dedens entendirent la noise as Sarrasins si coururent as murs de la cité pour deffendre ; mais poi lor valu : car il estoient poi et mal garni et furent pris et descouviert. et entrèrent en la cité à force et fut pris le marcis et sa feme et fu menés les mains loijés detrière le dos devant Salehedin qui moult le désiroit à veoir. Et quant il le vit, si li dist: « Marcis, Marcis où sont li mil chevalier que vous deviez faire salir de vos cofres ? Par Mahom ! vostre convoitise vous a decheu ! Vous ne fustes onkes soelés d'or ne d'argent : mais je vous en soelerai encore anqui. »—Adont fist Salehedins prendre or et argent et le fist fondre en une paijèle de fier, puis li fist avaler en la gorge tout bouillant et maintenant li convint morir. Et fist Salehedins par sa courtoisie renvoijer la dame, li désime de Crestiens et .x. demoisièles en Acre, et la fu-elle à sauveté. »

« Moult vous poroie conter, dist li Sarrasins, de Salehedin et de ses aventures. Mais encore fist il

CHAP. XV.

une autre cose à la mort, qui nous anoia moult. Car quant il vit qu'il fu si apriessés que morir le convenoit, si demanda plain bachin d'aighe et maintenant li couru uns varles aporter en .i. bachin d'argent et li mist en la main sénestre, et Salehedin se fist drecier en son estant et fist de sa main diestre crois sour l'aighe et toucha en .iiii. lius sour le bachin et dist : Autant à-il de chi juskes à chi, come de chi jusques à chi. — Ce dist-il pour çou que on ne se piereeust, et puis reviersa l'aighe sour son cief et sour tout son cors et puis dist en françois .iii. mos que nous n'entendismes pas. Mais bien me saula, à çou que je vi, qu'il se baptisa. — Adont moru Salehedins li miudres princes qui onkes fust en Paienie et fu enfouis en la cymitère S. Nicholai d'Acre de jouste sa mère qui moult ricement i fu ensévelie : et à sour eaus une tourniële biële et grant, où il art nuit et jour une lampe plaine d'oïle d'olive : et le paient et font alumer cil del hospital de S. Jehan d'Acre, qui les grans rentes tiènent que Salehedins et sa mère laissièrent (1).

(1) Ces singularités attribuées à Saladin, prouvent de quelle popularité ce prince jouissait, même parmi les croisés. Il est inutile d'ajouter que cette histoire de son baptême est toute de l'invention de notre bon chroniqueur.

8

CHAPITRE XVI.

Coment li empereres Fledris ouvra.

DES ORE MAIS vous dirai del enfant de Puille qui estoit apielés Fledris en baptesme et tenoit .III. roiaumes de son yretage; C'est à savoir le roiaume de Puille, celui de Sésille et celui de Calabre. Et avint qu'il fu esleus des barons d'Alemaigne à roi d'Alemaigne par la grasse del pape, qui en avoit caciet l'empeour Othon pour son meffait, et fu sacrés à roi à Ais-la-Capièle par la main l'archevesque de Trieves, puis fu présentés par les barons d'Alemaigne au pape pour sacrer à empéreour et furent lonc tans bien ensanle entre lui et le pape, et moult obéissoit à l'église de Rome, et estoit boins justicières et faisoit tant qu'il estoit doutés et crémus par toutes terres : Et pooit uns marcheaus porter .I. gourle de deniers à son col sour .I. bourdon, que jà n'eust garde. Ensi s'entramèrent li papes et li empereres moult longement que tous li mons disoit bien del emperour — Jusques à .1. jour que cil de Melans orent discorde à lor evesque qui les escuménioit — Li bourgois requisent assolution et li proièrent que il les menast par ordène de droit. — Li evesques respondi que ja assols ne seroient, s'il ne faisoient à sa volenté del tout. Quant li bourgois virent que li evesques ne lor en feroit el, si le misent fors de la vile et ne pooit goïr de cose qu'il eust. Et li evesques s'en ala droit au pape et se plainst de ceaus qui çou li avoient fait, et li conta coment cil de Melans l'avoient boutés fors de la vile, et desyretés de tous ses biens. Li papes en fu moult meus et i envoia un cardenal pour savoir de ses coses le voir et vint à Melans et manda devant lui le postal et les princes de la cité et lor demanda par quelle raison il avoient lor evesque mis hors de Melans et saisi tous ses biens ; dont il avoient trop mespris envers Dieu et envers le pape et à lor evesque. Li bourgois respondirent que sé il avoient de riens meffait qu'il estoient prest del amender — mais pour Dieu il mesist conselg à çou qu'il fussent assols, et il estoient prets de faire tout droit. — « Par St. Pierre » dist li cardenaux, vous ne serez assols des chi » atant que vous l'arés amandé à moi, et après » faites toute la volenté al evesque, dou haut et

8.

» dou bas.—Par foi sire, dient li baron, nous n'a-
» vons mie conselg de çou faire. Mais sé vous nous
» volés mener par ordene de droit, nous prende-
» rons droit, et ferons droit par devant vous : et
» par Dieu! Sires, metés conselg que li cose ne
» tourne à pis : — Ciertes, dist li cardinaus, je
» ne sai à coi il tournera, mais droit ne vous i fera-
» on ja, ains ferés del tout à ma volenté. — Par
» foi, dient li bourgois, ce n'est pas parole de
» preudome né de tel home que vous devés i estre ».
Atant se partirent li bourgois dou cardinal qui
moult lor prometoit mal à faire : et agreva la
sentense de çou qu'il pot et fist vuidier la vile de
tout le clergiet et se parti de Melans en mena-
chant les bourgois.

CHAPITRE XVII.

Coment li discorde meut entre le pape et l'empereour Fledris.

R avint que li postaus et li contes de Meians se traisent à conselg et estoient en grant esmoi des paroles que li cardenal lor avoit dit. Si prisent conselg qu'il envoiroient au pape pour requerre qu'il mesist conselg à lor besoigne. Mais la cose fu muée en poi d'eure, car la gent de la ville et li musart fisent .I. parlement par aus et disent que il seroit boin que il alaissent après le cardenal et le ramenaiscent par force, et le tenroient tant qu'il seroient assols de lui et del évesque, et lor donroit lettres que jamais ne les escumenieroit. Et esleurent entreaus cent homes qui après iroient. Cil s'en alèrent isniélement après le cardenal et l'atinsent une liue lons de la vile, et l'ariestèrent et li disent.—« Par Dieu, dam cardenaus, revenir vous estuet arrière en la vile, et nous assolrés, voelliés

ou non ! » — Quant li cardenaus les oï ensi
parler, si lor dist : « Ciertes vilenaille puans, je
ne retournerai pas, ançois vos ferai tous escil-
lier et Melans tout arraser, en tele manière qu'il
n'i demorra piere sous autre ! » — A tant ès vous
.I. Musart qui le prist par le frain et le vot re-
tourner arière. Et li cardenaus escrie sa maisnie :
« Or as vilains ! » — Et li uns de ses varlès traist
l'espée et féri si celui qui le tenoit par le frain
qu'il l'abati mort à ses piés. Quant cil de Melans
virent morir lor compaignon si furent tout erra-
giés, et crièrent « à la mort ! à la mort ! » Et li
cardenaus fust volentiers tournés en fuies sé il
peust, mais il ne pot. Car il fu maintenant avi-
ronés de toutes parts et le voloient mener à Me-
lans, quant uns machecliers sali avant et le feri
d'une hache à .II. mains et le pourfendi dusques
en la chainture, et maintenant chei mors. Puis
prisent celui qui avoit ocis lor compaignon et
l'atachèrent à la queue de son cheval et le trai-
nèrent dusques en la cité par toutes les rues de
Melans. Quant li Postaus et li contes le sorent,
si en furent moult dolant, car il savoient bien
combien c'estoit l'ausne. Et orent conselg qu'il
envoieroient au pape pour merchi crier : mais il
n'i ot si hardi qui i osast aler, pour paour de sa
vie ! —

CHAP. XVII.

Ensi demoura la cose desci adont que li papes le sot et en fu si coureciés que nus ne le pot apaisier. Et ot conselg de ses freres qu'il manderoit l'empereour Fledri, et fu mandés. L'empereres vint tantost, et li papes li conta coment cil de Melans avoient esploitiés. — « Ciertes, dist li emperères, ce poise moi. — En non Dieu, dist li papes, je voel que la cités soit destruite et que il soient tous mis al espée. — Par ma foi, dist li emperères, ce ne sera pas fait sans grant paine et sans grant coust, car je sai bien que cil de Melans sont grant gent, et rice, et poisant, et moult i a de boins chevauceours et moult savent de guerre ! — En nom Dieu, dist li papes, je vous aiderai, et vous otroi en dons quanques il ont. — Sire, dist li emperères, je n'irai pas sé vous ne me dounés vostre lettre. Car je vous connois tant que sé cil de Melans avoient pais à vous, que je i pierderoie quanques giaroie mis. — Par Saint-Pierre, dist li papes, vous l'averés volentiers et vous jure sour St. Pierre et sour St. Pol que jà pais n'en sera faite sé par vous non. »

— A tant fu la cose sceléc et afremée de tous les freres et par lor acort. Et l'emperes s'en rala en sa terre et assembla grant gent et les mena devant Melans et i mist le siège et moult sovent se melloient cil dedens à ceaus de fors et poi i conquéroient cil de fors ; Car cil dedéns étoient bien garni et poi prisoient ceaus de fors. Ensi tint l'emperères Fledris le siége an et demi que poi i conquist, fors que tant que nus n'i pooit entrer né issir, et de çou furent moult adolé cil devens.

Si avint un jour que li postaus et li contes de Melans estoient à conselg et dist li uns d'aus : «Signeur nous soumes en mauvais point. Car nous sommes escuméniet et avons guerre au pape et al empereur et ce sont li doi home au monde qui plus ont de pooir. Si loe en boine foi que nous faisons pais à aus, ou sé çou non, nous serons tout destruit, car nous pierdons nos gaegnages et nos marceandises et nous enchierist li viande cescun jour. Et sé la guerre dure longement nous serons mal bailli ; et s'il demoroit ensi .xx. ans si nous convenroit-il faire pais en la par fin et si averoit trop cousté. Et mius vaut que nous metons le nostre en faire pais, que en guerroijer. — Par foi, dient li autre compaignon, vous dites vérité. Or regardons coment nous irons avant en boine manière, car il nous est mestiers. — En nom Dieu ! dist uns sages hom, il seroit boin que on traistast de la pais al empereour.»—Et es-lurent .ii. sages homes entr'aus qu'il envoièrent à l'empereour et mandèrent à l'empereour que il

CHAP. XVII.

voloient à lui parler de pais, mais qu'il euscent sauf-conduit alant et venant. Et li emperères lor otroia boinement, et cil viurent as tentes l'empereour et descendirent et parlèrent assés à lui à conselg. Mais il n'i porent trover pais en nule manière que ce ne fust à lor destruction et à lor deshouneur. Si s'en vinrent arière en la cité et disent à lor compaignons çou qu'il avoient trouvé ! — « Par foi ! dist li sage home puisque nous ne poons trouver pais al empereour sans nous destruire, je loerois en droit moi, que nous envoïssions au pape et li offrons si grant trésor que nous l'aveulissons tout. Car je conois tant la manière de Lombars que il sont par nature convoiteus de gaaignier. Et ensi porons avoir pais parmi dou nostre. »—A cel conselg s'acordèrent tout et envoièrent au pape .i. bourgois de Plaisance pour querre asseurance d'aler parler à lui de pais; et li papes li otria et li bailla sa lettre de sauf conduit. Et revint arière à Melans, et lor bailla la letre le pape. -- Et maintenant esleurent entre'aus .ii. des plus sages homes et lor cargièrent la lettre de la vile ouvierte et bien parlant qui disoit : que cil de la vile de Melans tenoient à lor fait çou que cil doi feroient. «—Et fisent lendemain une assalie à ceaus de fors à la journée si qu'il ne s'en donnèrent garde. Et se ferirent entr'eaus et assés lor fisent honte et damage. et prirent .x. des lor et les menerent en le cité. Et en dementiers qu'il hustinoient à ceaus de fors, li message entendirent à errer et eslongièrent tant l'ost qu'il n'orent garde d'eaus.

CHAPITRE XVIII.

Coment cil de Melans fisent pais au pape
por lor deniers.

Li message esploitièrent tant qu'il vinrent à Rome et quant cil de la court les pierchurent si lor fisent moult laide chiére et furent .viii. jours à court, ains qu'il peuscent iestre oï. En la fin furent apielé et lor demanda on que il queroient? — « Par foi, Sire, dient-il au pape, nous venons requerre vostre grasse et pour Dieu aiés merchi de nous! — ha! male gent, bougre desloijal, dist li papes, vous avés desiervi à pierdre cors et avoir. — Ha! Sire, dient li bourgois, pour dieu merchi! vous n'avés pas bien entendu la vérité de ces coses, ains vous en a on dit tout le contraire. Et pour Dieu, biaus sires connissiez vous en, et vous en travelliés, et cil de Melans vous en sierviront de .xxx. mil mars d'argent. » — Quant li papes et li frère oïrent noumer le grant avoir, si se refroidièrent et humilièrent enviers eaus, et disent coment ce serait assenti. Et li sage home respondirent moult bien : nous remanrons par devers vous et manderons que on vous envoit les enfans a .xx. plus rices homes de Melans et les lairons en ostages desci adont que vostre grès sera fais.» — A çou s'acordèrent li papes et li frère et furent li enfant envoijet et mis par deviers le pape et il les fist bien garder.

Ensi furent cil de Melans appaisiet au pape et les assolst et les tinst pour boins crestiens. Et manda à l'empereour qu'il s'en revenist; car il avoit enquis et entendu que li Vesques avoit eu tort, et li cardenous avoit esté ocis par son outrage. — Quant li emperères oï ces nouvielles si en fu tous esbahis, car il avoit despendu moult grant avoir devant Melans. Si manda au pape qu'il ne s'en mouveroit de ça, adont qu'il raveroit au moins ses despens; et faisoit trop mal quant il li faussoit ses convenences. » — Et li papes li remanda que s'il ne laissoit le siége, il l'escumenieroit et lui et ses aydes. — Quant l'emperes vit qu'ensi estoit, si laissa le siège et s'en ala en Pouille et demora là une pièche.

Et vinrent si homme à lui et li disent: « Sire il est bien tans de marier à vous — et li rois Jehans d'Acre a une fille de sa feme par laquelle li roiaumes de Jhérusalem vient. Si vous loons que vous l'envoiés querre et l'espousés, car nous ne véons où vous peusciés mius faire.» — Li empereres si acorda et l'envoija querre par .x. chevaliers et par sa chartre. — Li rois Jehans li envoia volentiers et l'emperes l'espousa et en ot .1. filg qui ot non Conras, et fu mariés à la fille le duc de Bavière et en ot .1. filg qui puis vesquit longement, qui deust avoir le roiaume de Jhérusalem.

Li empereres Fledris ot conselg qu'il iroit au pape et li requerroit la raenchon qu'il avoit pris à ceaus de Melans, car il li avoit donné par sa lettre quankes cil de Melans avoient; encore plus, car il avoit juret par S. Pierre et par S. Pol que il ne feroit jà pais, sé par lui non. Et il en avoit eu .xxx. mil mars d'argent et en avoit rendu les enfans as bourgois qu'il avoit eu en prison et estoit paiés de la raenchon. — Adont en ala empereres à Rome et trouva le pape et les freres et lor requist ceste requeste que vous avés oï. — Li papes dist qu'il n'afferoit riens à lui de sa crestienté et l'empereres li dist que par sa crestienté ne les avoit il mie raiens ; mais por ma force : né jà ne fusce partis dou siége desci atant que je les eusce pris par force. — A çou tourna la cose entre le pape et l'empereour qu'il n'en pot avoir tout ne en partie né nul de ses despens; Ains s'en parti par mal et par deffiance et entra en la terre le pape et prist dou sien quanques il en pot avoir. Ensi monta li discorde come vous avés oï entre le pape et l'empereour et quant li papes sot que l'empereres le guerroioit et prendoit dou sien, si le fist escuménier par toute crestienté.—Et ensi dura lonc tans que nus clers n'aloit à Rome qu'il ne fust pris et reubés. Et avint que li papes mourut qui estoit de grant eage et fu fais uns autres qui avoit nom Senebaut et fu ses nons mues en Innocent le tierc, et confrema la sentence sour l'empereour que li autres avoit mise et toujours dura la guerre dusques à tant que il ot .I. concille à Rome et i furent mandés moult de prélat de France; avoec les autres, li archevesques de Roem qui estoit apielés Pieres de Colemède, cius fist faire .IIII. galies boines et fors por aler par mer, car il n'i osoit aler par terre et monta sour mer au plus coiement qu'il pot. Mais riens ne li valu: Car li empereres faisoit les chemins gaitier par terre et par mer et fu pris lui quart de vesques à tout grant avoir et les tint tant en prison qu'il en ot grant raenchon; et les galies demorèrent au port à Naples, né onkes puis ne fist-on riens.

Quant li papes sot qu'ensi estoit, si en fu moult iriés et bien apierchut que sa cours en estoit pierduc, et que nus n'iroit de delà les mons. Si s'acordèrent li papes et li frère que il venroient sour le Rosne à Lions, et i vinrent par boine garde en l'an del incarnation nostre Signour m. cc. et xliii. et furent là, grant pièche desci à .1. jour que li apostoles assanla .1. grant concille por condempner l'empereour, et i ot moult de prélas. Et l'empereres i envoia maistre Pieron de la Vigne qui moult estoit grans chevaliers et requist au pape que on le menast par droit. Car il estoit près que il s'en mesist sour le roi de France qui preudom estoit, et il en tenroit de haut et de bas çou qu'il en ordeneroit. Et li papes dist que il n'en feroit riens, Et le condempna à pierdre terre. Et d'enki en avant ne fu-plus apielés empereres, mais Fledris. —Ensi fu condempnés et maistres Pieres de la Vigne revint de Lions, et conta à l'empereour coment il estoit condempnés de tiere, par sentence définitive, né riens que il proposast ne li valu, né ne pot droit avoir. Et fu li empereres plus agrévés qu'il n'avoit onques mais esté. Adont se comencha à douter de traïson et entra en une grande mescréandise telle qu'il ne créoit nului. Et fist ocire une grant partie de sa maisnie ou fut à droit, ou fust à tort : Et avint que on li dist que maistre Pieres de la Vigne le traï au pape, et fu seu par unes lettres qui furent trouvées en ses coffres. Et li fist les iols crever et mener tout adiès après lui monté sour .i. asne par toutes les boines viles où il aloit ; et le faisoit monter au coron des rues : « Veschi, disoit uns varles qui le menoist, » maistre Pieron de la Vigne, le maistre consellier l'empereour qui estoit tous sires de lui, et l'a trahi au pape. Or esgardés qu'il a gaegniet de cel service ! Or puet-il bien dire de si haut, si bas. »

Ensi se maintenoit l'empereres et avoit estoré une cité de sarrasins qu'on apieloit Nochières et plus se fioit ès sarrasins que ès crestiens et faisoit moult de maus à tous clers et à toute gent d'ordene et les reuboit cescun mois. et tenoit .xl. femes ou plus en son ostel pour sa maisnie et por lui et faisoit les biestes gésir as églises, et as moustiers et ne se maintenoit mie come cretiens et moult empiroit sa terre : car il despendoit le sien trop folement.

Or revenrons au pape qui estoit a Lions et i ot demouré grant pieche et li anoia moult li iestres là, et ot conselg de ses freres qu'il iroit à Rome. et s'en ralèrent par le conduit le comte de Savoie qui les conduist jusques à Rome et n'i ot mie grant pieche esté quant il moru. — Et fu après elleus uns autres qu'on apieloit Innocens li quart, et fu adiès confremée la sentense sour Fledri. Si avint que l'empéreres Flédris manda .1. jour à Jehan d'Acre le roi son signor que il voloit tenir le roiaume de Jherusalem. Li rois Jehans l'otroia boinement et l'Empereres le tint et en goï jusqu'à la mort. Et ne targa puis gaires quil moru tous escumenijés; et uns siens fius bastars saisi la terre et le tint. Et li rois Jehans en ala en Costantinoble à se fille où il avoit moult grant besoing. Et fu baus de Costantinoble tant come il vesqui por sen genres qui jouenes estoit et enfantius, et moult avoit à faire as Griffons.

CHAPITRE XIX.

Coment li mauvais rois Jehans d'Engletière ouvra.

ATANT vous lairons dou boin roi Jehan d'Acre et vous dirons dou roi Jehan d'Engleterre qui fu frères le roi Richart à cui li roiaumes eschei après la mort le roi Richart son frère. Et fu sacrés à roi et fu li pires rois qui onques feust, puis le roi Hérodes qui fist les enfans décoller. Car cius rois Jehans dont je vous di fu mauvais chevaliers et avers et traitres, si comme je vous dirai : Car il avoit .1. sien neveu, filg de son oncle le conte de Bretaigne et n'i avoit plus d'oirs: et li rois ki estoit fel et crueus fist apparellier une nef pour aller à .1. sien castiel et entra ens à privée maisnie, et Artus ses niès avoec lui: et quant il vint lonc en mer, si prist Artu son neveu et le rua dedens pour avoir sa tère et la contet de Bretaigne que cius devoit tenir. Et quant il ot çou fait, si retourna à Londres (1). (1202).

(1) Artus de Bretagne, fils posthume de Geoffroy et de Constance de Bretagne, héritière de ce duché, était neveu

CHAP. XIX.

Chi vous lairons .i. poi ester de lui, si revenrons au roi Phelippe à cui nouvieles vinrent que li rois Ricars estoit mors : Si en ot gran: joie car il le doutoit trop pour son hardement et pour sa larghèce : car par sa larghèce faisoit-il de ses ennemis ses amis, et cil mesmes qui estoient contre lui estoient si ami couviertement. Li rois Phelippes qui moult estoit sages se pensa que ore estoit-il tans et saisons de requerre Normandie. Et ot conselg que il feroit semonre le roi Jehan par ses pers pour çou qu'il n'avoit pas rechut de lui la terre qu'il devoit tenir decha mer et dont il li devoit faire hommage. Et maintenant li rois i envoia l'évesques de Biauvais et l'évesques de Loon qui

de Richard qui, de son vivant, l'avait reconnu son héritier présomptif. Un testament supposé, dit-on, le frustra de cette riche succession au profit de Jean-sans-Terre. L'Anjou, le Maine et la Touraine se déclarèrent en sa faveur, et Philippe Auguste ayant reçu son hommage pour ces trois provinces, ainsi que pour la Bretagne, le Poitou et la Normandie, l'arma chevalier à Gournay et déclara la guerre à Jean. La fortune trahit les armes du valeureux Artus ; surpris par son ennemi, il fut enfermé dans les prisons de Falaise. Jean employa tous les moyens pour lui faire renoncer à l'alliance de Philippe Auguste: ne pouvant y parvenir, il se rendit par eau au pied de la tour de Rouen où il l'avait fait transférer, le fit amener dans une barque, lui passa plusieurs fois son épée au travers du corps et le jeta dans le fleuve avec une grosse pierre au cou.

estoient des .xii. pers, et emportèrent la lettre le roi et entrèrent en mer à Calais et arrivèrent à Douvre : et demandèrent le roi Jehan et on lor dist qu'il séjournoit à Nichole, une ferme sitée à .xii. lieues de Cantorbile où sains Thumas li martyrs repose. Et vinrent là à .i. matin et trouvèrent le Roi et li disent : « Sire nous sommes chi envoijet de par le roi Phelippe de France : Véeschi sa lettre, faites le lire.»—Li rois rechut la lettre et brisa le seel et le lut et trouva dedens que li rois Phelippes li mandoit que il tenoit à vérité et à cose estable çou que cil doi evesque diroient.—«Or dites, dist li rois Jehans, çou qu'il vous plaist.—»Parfoi, sire, dist li Evesques de Biauvais, Mesire li rois vous semont et ajourne à Paris, sa cité, d'ui en .xl. jours pour faire droit par vos pers de çou qu'il vous demandera come son home lige. Et nous qui sommes Per de France vous i semounons et ajournons. »

Quant li rois Jehans entendi cius paroles si mua tous et dist : Signeur Evesque, jou ai bien entendu vos paroles, bien ferai enviers vo signeur çou que je devrai. «—A tant s'en partirent li vesque et passèrent mer et vinrent à Paris et trouvèrent le roi et li disent çou qu'il avoient trouvé et disent qu'il avoient fait son coumandement ensi come il avoit comandé. Li rois Phelippes atendi les .XL. jours et i furent li per et lor consaus.—A tant es-vous .1. chevalier que li rois Jehans envoioit au Roi et vint devant le Roi et li dist : «—Sire, li rois Jehans me sires, envoie chi à son jour où vous l'aviés fait ajourner, et véeschi sa lettre de créanche. » La lettre fu liute. — « Or » dites, dist li rois, çou que vous volés. — «Sire, dist » li chevaliers, mesires vous requiert son contre- » mant.»—Ciertes, dist li rois, c'est bien avenant, » et il l'avera d'ici en .XL. jours.» A tant s'en parti li chevaliers et revint à son signeur. Et quand vint au jour si contremanda encore jusques à .XL. jours et à celui jour défali dou tout. Et quant li rois Phelippes vit qu'il avoit défali dou tout, si requist à ses pers jugement à droit. Li pers orent conselg ensemble que il le fesist encore semonre devant lui pour oïr droit, si come cil qui estoit défalans. Et li rois i renvoia encore .II. de ses pers et fu resemond à .XL. jours : né il n'i vint né il n'i envoia. Adont requist li rois jugement as pers. Li per furent sage et jugèrent par droit que li rois Phelippes pooit et devoit le fief saisir que li rois Jehans devoit tenir de lui (1).

(1) PAUL EMILE dans sa *Vie de Philippe Auguste* rapporte, ainsi que notre Chroniqueur, que ce Prince cita le roi Jean à la cour des Pairs de Paris, tant pour lui prêter foi et hommage comme vassal de la couronne de France, que pour se

A tant se parti li consaus et li rois Phelippes fait escrire ses bries et envoijer par tout ses fiévés et lor manda que ils fuscent dedens .XL. jours à Gysors à armes. Adont véissiez chevaliers et barons aharneskiés de chevaus et d'armeures et de pavellons et de quanques il lor convenoit. Et furent à Gysors au jour que li rois lor ot mis. Et quant li Rois vit tant de biele gent assamblée pour lui, si fu moult liés et fist faire l'avant garde par mon signeur Alain de Roussi qui estoit nouvièlement issu de prison par escange d'un autre chevalier et fist faire l'arrière garde par mon signeur Willaume Des bares : et entrèrent en Normandie et misent le pays à fuerre et li ribaut boutoient le fu partout et prendoient proies ; et il n'estoit qui les destournast, fors les forteresses qui estoient bien garnies de paysans, qui menet i

---

justifier du meurtre d'Arthur. Jean, après de longues tergiversations, n'ayant point répondu à la citation, la cour des Pairs rendit contre lui cet arrêt que cite Paul Emile : «Que
» Jean, duc de Normandie, ayant oublié le serment qu'il avait
» prêté à Philippe son seigneur, avait tué le fils ainé de son
» frère, Homme lige de la couronne de France, dans la sei-
» gneurie dudit royaume. Sur quoi il est condamné comme
» traître, et ennemi de la couronne de France, à perdre par
» confiscation tous ses états, qu'il tenoit à la charge d'hom-
» mage, et que la reprise de possession s'en feroit par les
» armes.»

avoient lor vaches et brebis et quanqu'il avoient. Et lors ot li rois conselg qu'il iroit à Mante et l'assit et fist giéter des engiens efforciément. Et quant cil de laiens virent le pooir le roi, si orent conselg qu'il renderoient le castiel et fu rendus et maitenant i mist li rois ses garnisons. et envoia à Paschi qui priès d'enki estoit, et lor manda que il rendissent le castiel et s'il ne le rendoit dedens tièrs jour il les feroit tous pendre. Quant cil de Paschi oïrent ensi parler les messages et il sorent que Maïence estoit rendue, si disent que il li renderoient et li portèrent les clés dou castiel et li rois les fist garnir. Et quand cil de Vrenon et dou Pont de l'Arche, et dou val de Ruel et de Gournay et de Louvières et de Galon et de Roem et de tout le pays virent que li rois Phelippes conquerroit ensi Normandie, si orent conselg entr'aus que il envoiroient au roi Jehan lor signeur en Engletère et qu'ensi estoit et que pour Dieu il i mesist conselg, où sé çou non il pierderoient Normandie. — Ensi fu fait et envoijèrent au roi Jehan lor signeur en Engletère : et quant il le sot si fu à mervelies dolans et esbahis et dist as messages que il les secourroit dedens la Saint-Jehan. Et il estoit adont septembres; et fist escrire unes lettres et les bailla as messages, et revinrent à Roem, où on les atendoit : et fu la lettres liute.

Et quant li Cievetain des castiaus l'ont entendu si en furent moult esbahi et orent conselg qu'il se tenroient jusques au jour que li rois lor avoit mis, et se partirent li Cievetain d'iluec, et en rala cascuns à son lius et se pourvoir et au mius qu'il porent. Et li rois fist conduire son ost à Vrenon .i. castiel qui moult estoit biaus et fors et bien séans : et fist tendre ses très et ses pavellons en la praerie sour Seine. Et tout si autre baron ausi, et fist li rois giêter engiens à grant effort. mais poi i faisoit : car cil devens estoient trop bien hourdé, et li castiaus estoit moult fors. Quant li Rois vit qu'ensi estoit, si fist laisser l'assalir et jura le siège à .vii. ans, devant ceaus de Vrenon à cui il en pesa moult. Car il sorent vraiement que li rois ne s'en mouveroit si l'averoit pris à force : et demora li Rois enki tout l'ivier, et tous le tans jusques la fieste S. Jehan que li rois Jehans les devoit souscourre. Mais il n'i vint né envoia. — Quant li cievetains de Vrenon vit que il n'averoit nul conselg de son signeur et il apierchu sa mauvaisté et il vit le pooir le sens et le richèce dou roi Phelippe, si li requist li Cievetains sauf-conduit d'aler parler à lui et li Rois li otria. et li Cievetains issi fors de la ville, lui disme des chevaliers et vint au tref le roi, et le salua et dist : «Sire je vieng parler à vous : Vous avés assegiét Vrenon dont je suis Cievetains et garde de par mon signeur le roi Jehan.—Sire, je voel bien que vous saciés que nous avons mandé et remandé secours, et saciés bien sire que nous ne trouvons en mon signeur ayde ne secours, et veeschi la clés dou castiel que je vous aporte pour faire vostre volenté. »—Li rois les rechut volentiers et liement et entra dedens et les garni bien de quanques mestiers fu, et issi li rois de Vrenon et s'adreça viers le castiel et si tost comme il i vint on li rendi les clés. Et lors erra tant qu'il vint à Roem et vot faire la cité assègier; mais cil de Roem li vinrent à l'encontre et li abandonnèrent la vile (1).

(1) Selon Rigord, la ville de Rouen ne se rendit pas si promptement; ses habitants voyant qu'ils n'avaient rien à espérer du roi d'Angleterre, demandèrent, tant pour eux que pour Verneuil et Arques, une trève de trente jours : ce que Philippe leur accorda. La convention des Rouennais avec ce prince est tout au long dans ce chroniqueur. — « A » la Saint-Jean, ajoute Rigord, les bourgeois ne recevant » aucun secours du roi d'Angleterre, acquittèrent leur pro- » messe, et livrèrent sans contradiction au roi des Français » la ville de Rouen, cité opulente, capitale et principauté » de toute la Normandie..... Il y avait trois cent seize ans » que cette ville avec toute la Normandie avait cessé d'ap- » partenir aux rois de France. C'était le danois Rollan, qui » étant survenu avec ses païens, l'avait enlevée par le droit » des armes à Charles le Simple. » (RIGORD, t. 10 de Phil. Aug.)

(1204). Ensi conquist li rois Phelippes toute Normandie au rès de Gaillart (1) qui trop estoit fors et séoit entre .III. montaignes ; et ne le pooit on assegier que d'une part, et ni pooit ataindre perrière ne mangouniaus. Quant li rois ot regardé le castiel et le siège qui tant estoit fors et deffendables si dist : « Par la lance St. Jaques ! Ainsmais ne vi castiel si fort, né si bien séant comme cis est : et bien voi que jou i poroie despendre tout le mien auçois que je l'eusce pris par force : et la terre et li pays est conquis, au rès de ce castiel : et je meterai mes garnisons chi entour et les ferai si court tenir que nus n'en pora issir né entrer. Et convenra que li castiaus soit pris par force d'affamer ! » —Ensi que li Rois le dist, ensi le fist, et mist garnisons grandes et boines entour le castiel, ensi gardèrent les entrés et les issues dou cas-

(1) C'était un château fort que le roi Richard avait fait construire sur une roche élevée qui dominait la Seine, près de l'île des Andelys. « Il fit bâtir sur ce rocher élevé, une
» citadelle qu'il environna d'un mur très haut et de fossés
» très profonds, taillés à vif dans le roc. Hors de ces fossés,
» il fit aplanir une colline, et les environna de murs et de
» tours très hautes. Il enferma la troisième colline par des
» fossés placés de distance en distance, et fortifia le tout de
» murs excessivement élevés et de fossés. Il appela cette for-
» teresse Gaillard, mot qui en français exprime la pétulance. »
(GUILLAUME LE BRETON, *vie de Philippe-Auguste*.)

tiel .I. an et .III. mois et furent cil dedens si à poi de viandes, que on n'i avoit de .XII. feves de livrison le jour. Et quant cil dou castiel virent que il ne poroient plus durer et que morir leur convenoit de faim, si vinrent au castelain de Gaillart et li disent : « Sire, nous n'avons mais que mangier né point ne nous en puet venir, né nous n'arons nul secours de nostre mauvais Rois, né les garnisons le roi Philippe n'amenrisent onkes ; ains croissent cascun jour et les remue li Rois et enforce. Si nous sanle que desores-en-avant nous averiesmes nul lait dou rendre le castiel. » — « Ciertes, dist li castelains, vous parlés en vain. Car tant come je vive je n'istǫrai de Gaillart, né ne le renderai, sé on ne m'en trait fors par les piés. » — Atant se traisent ensus de lui et entrèrent en une cambre à conselg et dist li uns d'eaus : — « Cis castelains est mal couselliés et sé nous le voulons croire il nous fera tous morir de male mort. Faisons le bien, mandons as garnisons que nous renderons Gaillart, sauve nos vies. » — « En nom Dieu, dient li autre, vous dites bien ! » —Et lors ellurent .II. d'eaus qui feroient le message. Et la nuit dou premier soume issirent dou castiel et vinrent as loges des garnisons et par-lèrent au cievetain et li disent ensi come il estoit ; et come il voloient que li castelains rendist le casticl. Mais il jura que tant come il viveroit ne le renderoit ne n'en isteroit, sé on ne l'en giétoit les piés devant. Et quant nous oïmes tèles paroles, si venismes entre nous et prismes conselgs que nous vous renderiesmes Gaillart. Or faites vos gens armer et maintenant vous sera li castiaus rendus. » — «Gardés, dist li cievetains, que vous me dites voir. Car par la foi que je doi au roi Phelippe, sé je vous troeve à mensonge vous le comperrés durement. « — Sire, dient-il, ne vous doutés de riens ! » — A tant fist li cievetains sa gent armer et s'en alèrent coiement et sieri viers Gaillart. Et li doi message rentrèrent dedens le castiel et disent à ceaus qui les i avoient envoijés que les garnisons estoient as portes. Et maintenant vinrent as portes et brisièrent les sieres, sans le seu dou Castelain, et misent dedens les garnisons le Roi. Et quant la gaite du castiel s'apierchut, si comencha à crier : « trahi ! trahi ! » — Quant li castelains oï crier : trahi ! trahi ! si frémist tous et se douta de trahison et maintenant s'arma et fist armer sa maisnie et s'en ala droit ou li cris estoit. Et quant il vit la gent le Roi si se féri entr'aus l'espée traite et fiert à diestre et à senestre, et fait tant d'armes que c'estoit mervelles à veoir. Et quant li roial l'apierchurent si li coururent sus et le navrèrent moult durement, et li firent plus de .xxx plaies sour son cors et toujours se deffendoit au mius qu'il pooit. Mais ses bienfaire ne li pot riens valoir. Car il et li sien estoient poi et li françois estoient trop. — A tant fu li castelains abatus et ses chevaus ocis. Et fu pris et retenus et li castiaus pris en itel guise. Et les garnisons dou castiel s'en alèrent à tout lor harnois. Mais li castelains n'en vot issir pour riens que on li peust dire ainsi convint qu'il fust fors traisnés. En tèle manière come vous aves oï, fu Gaillars pris. Et quant li rois Phelippes le sot si en fu liés et joians. Et li conta-on coment le castelains s'estoit maintenus et li Rois le refist castelain et li donna ses soldes pour la loiauté de lui (1). Et d'enki en avant li rois tint Normendie et toute la contrée, né n'en fu qui li contredisist.

(1) Le nom du châtelain qui défendit si vaillamment le château Gaillard est, dit Rapin Thoiras, Hugues ou Roger de Lacy.

CHAPITRE XX.

Coment la bataille de Bouvines meut par le conte de Boulongne.

Apriés çou, avint que li Rois tint un parlement à Montleun, et i ot moult de ses Barons. Si avint que li quens Gauthiers de Saint Pol et li quens Renaus de Boulogne qui trop s'entre-haoient d'armes, s'entre-prisent devant le Roi. Et tant que li quens de Saint Pol féri le conte Renaut de son poing sour le visage, et le fist tout sanglant. Et li quens Renaus se lancha à lui vighereusement; mais li haut homme qui là estoient se misent entre deux, par quoi li quens de Boulougne ne se pot vengier, ains se parti de la court sans congiet prendre. — Et quant li Rois sot que li quens Renaus s'en estoit ensi alés, si l'en pesa et bien dist que li quens de Saint Pol avoit eu tort : si, li blasma moult. Et envoija frères Garin l'évesque de Saintlis à lui, à Dammartin,

.1. sien castiel où il estoit. Et quant il vint là, si li dist : « Sire, li Rois m'envoie chi à vous pour le discorde qui est entre vous et le conte de St. Pol, dont il li poise et vous mande que il le vous fera amender à vstre houneur. » — Frère Garin, dist li quens, j'ai bien entendu çou que li Rois me mande par vous, et bien vous tiens-je à ciertain message. Mais tant voel-je bien que vous saciés, et bien le dites le Roi, que sé li sans qui descendi de mon visage à terre ne remonte de son gré là dont il issi, et li cos n'est amendés ainsi comme s'il n'eust onkes esté faist, pais né acorde n'en sera faite. » — « Ciertes, dist frères Garins, vous demandés outrage, et cose qui avenir ne puet. Mais pour Dieu prendés l'amende que li Rois vous offre. — Sire Evesque, dist li quens, taisiés vous-en atant : car jamais ne vous ameroie sé vous plus en parliéz. — Voire, dist frère Garins, atant m'en tais, et savées qu'il vous en avenra : vous en pierderés l'amour le Roi et le honnour dou monde. »

Atant se parti frères Garins dou conte Renaut et vint au roi Phelippe et li recorda ensi que li quens li avoit respondu. Et quant li Rois l'entendi, si jura la lance St. Jacques que cis descors venroit à grant mal. — Ensi demora la cause une grant pieche que plus ne fu fait; mais li quens Renaus se metoit en pourcache de faire honte et lait au conte de Saint Pol, mais il n'en pot avoir liu. Et quant il vit que li rois le soustenoit dou tout, si se pensa d'une grand traïson : Et vint au conte Ferrant de Flandres qui fu fius le roi de Portingal et estoit quens de par la contesse Jehanne, qui fu fille le conte Bauduin, et li fist entendre que li rois le deshiretoit d'Arras, de Piéronne, de Saint-Omer, de Aire, de Hesdin, de Lens, et de Bapaumes, et de toute le contet d'Artois : et li fist à entendre que li quens Bauduins li avoit fait ce don pour le mariage de sa serour et ne le pooit faire par raison, né ne pooit le droit hoir desyreter.

Quant li quens Ferrans l'oï ensi parler, si le creut comme fols que il fu, et convoita la terre, et quida trop grant cose de soi; et pourparlèrent entre lui et le conte Renaut que il feroient alliance au roi Jehan d'Engletere et à l'empereour Othon, qui metoit sus au roi Phelippe qu'il avoit dit qu'il li donroit Orliens, Cartres, et Estampes, au jour et à l'eure que il seroit empereres. Et fu en cèle alliance Hues de Boves. Et assemblèrent si grant ost qu'avis estoit que toute la terre deust croller dessous aus.—Et manda li quens Ferrans au roi Phelippe qu'il li rendist les castiaux et les cités que vous avez oï, ou sé çou non, il le deffioit et bien séust qu'il enterroit en sa terre en brief tans. —Quant li Rois ot oïes teles manaces, si fist ses hommes semonre et lor demanda conselgs sour ces coses. Et li baron respondirent que c'estoit grans outrages que li quens avoit mandé; car il estoit ses hommes et ne li faisoit-on nul grief. « Mais nous savons bien que li quens Renaus a brasset ceste boulie, pour le descort dou conte de Saint Pol. Si vous loons que vous aprociés Flandres et que vous entrés en Tournay, vostre cité, atout tant de gens comme vous porés avoir. » — Et lors fist li rois semonre tous ses fiévés et toutes ses communes, et furent assamblé .I. samedi au soir de fors Tournay, et tendirent lor pavellons. Quant li quens Ferrans et sa partie virent que li rois estoit à Tournay, si en furent trop liet, car il le quidoit bien avoir en lor nasse. — Et li manda li quens Ferrans bataille à lendemain. Quant li rois l'entendi si l'enpesa moult pour le diemanche, et li manda par frère Garin qu'il atendist jusques au lundi. Et li quens li manda qu'il n'en feroit riens, car li rois s'en voloit fuir. Atant repaira frères Garins, et li quens Renaus le convoia une pièche. Et quant li quens Renaus fu revenus arrière, mesire Hues de Boves li dist devant l'empereour Othon et devant le conte Ferrant:— «Ha, quens de Boulongne, quens de Boulongne, quelle avés bastic la traïson entre vous et frère Garin?—Ciertes, dist li quens Renaus, vous i avez menti, comme faustraitres que vous i estes et bien devés dire tèles paroles, car vous iestes dou parage Guènelon, et bien saciés se je vieug à la bataille, que je ferai tant que je serai ou mors ou pris et vous enfuirés comme mauvais recréans et falis!»

Atant demora li tenchons, et frère Garins est revenus au roi et li dist :—Sire, or vous ait Diex; vous arés demain bataille, sans falir. Faites ordener vo gent car il en est mestiers.» — Lors fist li rois ordener ses batailles et les comenda as .x. plus preudhomes de s'ost. — Et l'empereres Othons, li quens Ferrans, li quens Renaus, et li quens Guillaumes Longhe-espée, qui estoit frères le roi d'Engletère (et li avoit envoijet en liu de lui, pour çou qu'il ne pooit iestre, ains estoit en Pontiu à la Roche contre monsignor Loeys, qui moult le contralioit.)—Cist grant signour que je vous ai noumé départoient France entr'aus. Li quens Ferrans voloit Paris : Li quens Renaus voloit Normandie, et l'empereres voloit Orliens, Cartres, et Estampes; et Hues de Boves voloit Amiens. — Ensi en quesissoit cascuns sa pièche,

Mais en poi d'eure Diex labeure !
Teus rit au matin qui au soir pleure.

—Ensi demoura le samedi jusques au diemanche matin que li rois se leva et fist sa gent issir de Tournay armes et banières desploijés, et ses araines sounans, et ses escièles ordenées. Et tant errèrent qu'il vinrent a .i. ponciel qu'on apièle le Pont de Bouvines; et si avoit une capièle ou li rois tourna pour oïr messe, car il estoit encore matin, et le canta li vesques de Tournay. Et li rois oï messe, tous armés. Et quant la messe fu dite, si fist li rois aporter pain et vin, et fist tailler des soupes et en manga une. Et puis dist à tous ceaus qui entour lui estoient : « Je proi à tous mes boins amis qu'il mangascent avoec moi, en ramenbrance des .xii. apostles qui avoec nostre signour burent et mangièrent. Et s'il en y a nul qui pense mauvaistié ne trecherie, si ne s'i aproce mie. »

Lors s'avancha me sire Engherrans de Couchi et prist la première soupe. Et li quens Gauthiers de Saint-Pol la seconde, et dist au roi : — « Sire Wi en cest jour vera-on qui iert traîtres ! » — Et dist ces paroles pour çou que il savoit bien que li rois l'avoit en souspechon, por mauvaises paroles. Et li quens de Sancerre prist la tierce et tous li autre Baron après, et i ot si grant presse qu'il ne porent tout avenir au Hanap. — Et quant li rois vit çou si en fu moult liés et lor dist : « Signeur, vous iestes tout mi home, et je suis vostre sires, quels que je soie, et vous ai moult amés, et portés grant honneur, et douné dou mien largement et ne vous fis onkes tort ne desraison, ains vous ai toujours menés par droit. Pour çou, si prie à vous tous que vous gardés wi mon cors et m'ouneur et la vostre. Et se vous vées que la corone soit mius emploié en l'un de vous qu'en moi, je mi otroi volentiers et le voel de boin cuer et de boine volenté. » —

Quant li baron l'oïrent ensi parler, si comencièrent à plorer de pitié et disent : «—Sire, pour Dieu Merchi! nous ne volons roi se vous non! Or chevauciés hardiement contre vos anemis, et nous sommes tous apparelliée de mourir avoec vous (1)!

(1) M. Augustin Thierry consacre une grande partie de sa lettre Ire sur l'histoire de France, à démontrer la fausseté de cette scène historique. Voici les étranges expressions dont se sert ce grave écrivain pour déshériter notre histoire d'une page si belle :

« Je ne puis m'empêcher d'insister sur ce dernier trait dont la popularité parmi nous est une sorte de scandale historique. C'est sans doute une action très édifiante que celle d'un roi qui offre publiquement sa couronne et son sceptre au plus digne; mais il est extravagant de croire que de pareilles scènes aient été jouées ailleurs que sur le théâtre. Et comme le moment est bien choisi pour cette exhibition en plein air de tous les ornements royaux, c'est l'instant où l'armée française est attaquée à l'improviste : et que cela est bien d'accord avec le caractère du roi Philippe, si habile, si positif, si prompt en affaires! — La première mention de cette bizarre anecdote se trouve dans une chronique contemporaine, il est vrai, mais écrite par un moine qui vivait hors

A tant monta li rois sour .I. destrier fort et seur, et tout li baron ausi, banière desploijés cescuns à son conroi. A tant ésvous venus les flamans à desroi et désordenement les uns devant les autres, et portoient cordes pour les François lijer. Et li rois s'estoit trais deviers la costière del mont, pour çou que li solaus leur feroit emi le vis. Et quant li Flament le virent tourner viers le tiertre, si disent entr'eaux que li Rois s'enfuioit. Et esporonèrent apriès, et se férirent entre François, qui mius mius, et François les rechurent vighereusement et en poi d'eure furent li premier desconfit. Et li quens de St-Pol sour-

du royaume de France, au fond des Vosges, sans communication directe ou indirecte avec les grands personnages du temps. » — Quand M. Aug. Thierry parlait ainsi du moine des Vosges, qui écrivit sa chronique en latin, il ne soupçonnait pas sans doute l'existence de notre *Chronique de Rains*, écrite vers le même temps, en français, et par un homme à qui on ne peut contester d'avoir vécu au milieu des hommes éminents de l'époque. M. Thierry, emporté par son radicalisme de critique, traite la noble action de Philippe-Auguste de *désintéressement de parade*, et son discours d'*exclamations de loyauté niaise*.—Il est fort heureux pour l'honneur de Philippe-Auguste, et surtout pour Anquetil et l'abbé Vely, à qui notre critique fait un grave reproche d'avoir accueilli ce *scandale historique*, que le récit de la *Chronique de Rains* vienne au moins *souffler le doute* dans l'esprit des lecteurs.

monta l'ost et les prist par derière et se feri entr'aus come lions famolleus, et fist tant d'armes de son cors que c'estoit mervelle; et tout li autre baron si prouvèrent si bien que nus n'i faisoit à blasmer. Et li senescaus de Campaigne, qui ot nom Oudart de Reson et portoit la banière de Campaigne, et avoit le première bataille de son droit, si estoit ja alés si avant, qu'il s'estoit mellés sous le conte Renaut. Et i avoit ensi merveillous estour. A tant èsvous le conte de St-Pol qui sourvint sour aus, et reconnust l'enseigne au conte Renaut de Boulongne. A dont fu si liés qu'il ne vosist mie Dieu tenir par les piés : et aussi fu li quens Renaus quant il l'aperchut, car c'estoient li doi homme de toute l'ost qui plus s'entrehaoient, et par qui cis discors estoit meus. Li quens Renaus plains de grant fierté et de hardement couru sus le conte de St-Pol et li quens de St-Pol sus lui, et ont entrepris la mellée. Et ot illuec mervellous estour, et trop se fuscent adamagiet, se il fuscent longement ensamble, car trop estoient preud andoi. Mais la gens au conte de St-Pol li estoit priès. Et li Flament s'estoient espars et estoient de mal acort. Atant se mellèrent les os d'ambes pars; et i fu grans li bruis et la noise. Mais li quens de St-Pol ne s'oublia pas, ains fist tant qu'il prist par vive force le comte de Boulongne (1). Et quant il fu pris tout li Flamenc pierdirent lors cuers ; et lors s'esbaudi-

(1) *La Chronique de Rains* n'est pas le seul livre qui témoigne de la valeur de Gaucher de Chastillon, comte de St-Paul, à la bataille de Bovines. Guillaume Guiart d'Orléans, fait un long récit de ses prouesses.

> Après se desrenge GAUCHER
> LI QUENS DE SAINCT POL, et sa route
> Sissonne contreux se desroute,
> D'une part et d'autre esperonnent,
> Lances à l'assembler tronçonnent,
> Aux espées, quant elles faillent
> Et aux alenaz s'entressaillent.
> De paix faire s'entr'escondissent,
> Les armes trenchans rebondissent
> En plusieurs lieuz au deslacier
> Sur les riches atours d'acier :
> Dont ils font à l'entr'assaillir
> Estancelles de feu saillir.
> Bien firent comme seur engresse.
> Gaucher de Sainct Pol ront la presse :
> Tant s'est de férir entremiz
> Qu'il a perciez ses ennemis,
> Luy et moult de ceuls qui le suivent.
> Quant sont outre, si se rabrivent,
> Par autres lieus cops descendant
> Retournent la presse fendant,
> Toute la gent qu'il entassèrent,
> Entre la voye où il passèrent,
> Et le lieu oz leur retour pristrent
> Sans nul homme espargner occistrent.

rent François et descendirent sous l'esciéle Ferrant et fu pris et li quens de Pontiu, et me sire Guillaumes longe-espée, et moult de grant signeur dont li contes ne fait mention. — Et quant l'empereres Othes vit que tout estoient tournet à gast, si fist sa banière laissier chéoir et tourna ses rièsnes et s'enfui, entre lui et Huon de Boves : et s'en alla l'empereres en Alemaigne, et fu là, une pièce après, mors en une maison Dieu, povres et à

<blockquote>
Li quens qui tant ot bataillé
Qu'il i ert suant et travaillié,
Ist hors de la presse en la plaine
Pour recouvrer un poi s'alaine.
Ains qu'il ait son haiaume meu,
A un sien chevalier veu,
Que Sessoingnois pris emmenoient,
Qui de tous costés le tenoient ;
Dont ne se voult desarmer ons,
Ains fiert cheval des esperons :
Et pour ce que tost voye fasse,
S'encline, par le col l'embrasse,
Outre la presse, tant se lasse
Jusques à son chevalier passe :
Lors se dresse, ès estriers s'afiche,
En ceus qui le tiennent se fiche.
Tant ne le peust homme suivre ;
Veuillent, ou non, il le délivre
Comme hardi et conquérant.
</blockquote>

(Royaux lignages).

mescief.—Et Hues de Boves monta sour mer pour aler en Engletère au roi. Mais Diex qui tous biens gouverne et tous maus punist, li retailla de son propos et monta uns grans orages en mer et fu noijés et tous li remanans de l'ost fu pris et desconfis. —Et sot li rois que lui quens Ferrans estoit pris et li quens Renaus de Boulongne et li quens de Pontiu ses frères et mesire Guillaumes longhe-espée et moult d'autre haut home.--Lors dist li rois : « Coment n'avons nous pas l'Empereour ! »— Et saciés qu'onques mais ne l'avoit apiélés Empereour : mais il le dist pour avoir plus grant victoire; car plus a d'ouneur en desconfire .1. Empereour que .1. vavassour.

Atant fu la bataille finés et li Rois retourna en Tournay, grant joie faisant, à tout ses prisons; et Flamenc faisoient grant duel d'autre part.—Ceste desconfiture fut faite en l'an de l'Incarnation M. cc. et xiiii. ou mois de fevereth, le second diemanche. — Et en celui jour, pareillement desconfi me sire Loeys, le roi Jehan d'Engletère à la Roche-as-moines, en Poitou. Et lendemain envoija li rois à Lille et le fist ardoir, et toutes les boines villes de Flandres prendre et metre ses garnisons: puis revint li rois en France atout ses prisons et fist metre Ferrant en prison à Paris pour çou qu'il avoit coisi Paris en sa part, et le comte Renauld à Angoles, pour çou qu'il voloit avoir Normandie. Et les autr'es prisons fist mètre là où lui plot, et d'enki en avant, demoura li rois Philippes en pais, et fu crèmus et doutés par toutes tiéres.

Or vous dirons dou mauvais roi Jehan d'Engletère qui hounissoit ses hommes et gisoit avec les femmes et avoec lor filles, à force, et lor tolloit lor téres et faisoit tant que Diex et tous li mons le devoit haïr. Si avint que li baron d'Engletere prisent conselg ensanble qu'il envoieroient au roi Phelippe et li feroient feauté dou roiaume d'Engletere et le meteroient lor enfans en ostages et li aideroient le roiaume à conquester. Si vinrent en France doi d'aus des plus sages et des plus vaillans, et parlèrent au roi Philippe et li disent çou que li baron d'Engletere li mandoient. Li rois s'en consella et dist qu'il avoit assés terre et qu'il ne s'en melleroit. — Quant mesire Loeys vit que li rois ne vouloit à çou entendre, si li dist : « Sire s'il vous plaisoit jou emprendroie ceste besoigne. — » Par la lance Saint-Jaques ! dist li rois, fai ent çou qu'il te plaist : mais je croi que tu n'en venras à cief ; car Englois sont traitour et felon, ne jà ne tenront convenant. — « Sire, dist me sires Loeys, en l'aventure de Dieu soit ! » — Lors dist as .II. messages : — » Biel Signor, se vous voliés je entreprendroie ceste besoigne et le meneroie à fin, à l'aiuwe de Dieu et à la vostre ! » — Par foi, sire, dient li message, nous ne requerons el. » — A tant afficnt li uns l'autre ceste covenance, et baillièrent les lettres pendans de tous les haus barons d'Engletere qu'il avoient aporté avoec aus, et les baillèrent mon signeur Loeis, et promisent par leur foi qu'il envoieroient lor enfans en ostages dedens le mois qu'il seroient repairiés en Engletere.

Atant s'en partirent li message et passèrent mer et vinrent à Londres et assamblèrent les Barons et lor disent comment il avoient ouvré. Et il disent que c'estoit bien fait; et furent li enfans as barons envoijés, si comme il avoient en convent. Et me sires Loeys les fist bien garder et honorablement et fist atourner ses naves, et quanques mestiers fu pour ostoijer. Et assambla grant gent par linage et par amours et par deniers. Et fu avoec lui li quens dou Perche, li quens de Monfort, et li quens de Chartres, li quens de Monbeliärt, et me sire Engherans de Couchi et moult d'autre grant signor dont je ne parole mie chi. —Et montèrent sour mer. 1. lundi matin et arrivèrent à Douvre au viespre et issirent fors si hastivement que il ne furent pierchut et tendirent très et pavellons sous la marine. Et quant cil dou castiel s'apierchurent, si orent mervelle quel gent ce pooient iestre, et coururent as armes et montèrent as batailles des murs pour aus et pour la cité deffendre : et lendemain me sire Loeys fist assalir au castiel et gieter ses engiens. Mais riens n'i fourfist et furent enki .x. jours que riens n'i esploitièrent. Et quant me sire Loeys et ses consaus virent qu'ensi est, si ot conselg qu'il lairoit le siége, et iroit à Londres et l'asserroit; et fist destendre ses très et son harnois tourner et fist son ost conduire à Londres. — Et fu la cité assise de .III. pars. Et cil dedens se hourdèrent vighereusement et gardèrent les portes et les murs et envoijèrent hastivement au roi lor signour qu'il les secourust et il lor manda que il n'en avoit pooir : Car si baron li estoient tout fali et tourné deviers mon signeur Loeys.

Quant cil de Londres entendirent ces nouvièles, si rendirent maintenant la cité et entrèrent eus comunalement et se hierbergièrent par la cité. Et me sires Loeys fist crier son ban que nus ni fourfesit riens, sous le hart, et i furent ensi .VIII. jours à séjour, et au noevisme jour erra li os à Nichole. — Et li quens du Perche faisoit l'avant garde et couru as portes et la garnisons de laiens sali fors, et les coururent sus et i ot assés trait et lanciet et chevaus mors et chevaliers abatus et gens à piet mors et navrés. Et li quens de Pierche i fu mors par .i. ribaut qui li leva le pan don haubiert et l'ocist d'un coutiel. Et fu desconfite l'avant garde par la mort le conte. Et quant me sires Loeys le sot si ot le plus grant duel qu'il eust onkes. Atant fu assise Nichole et prise par force au troisime jour, et le fist garder de boine gent et puis ala par Engletere .ii. ans et demi et i conquist .vii. cités, et bours et villes à grant fuison. Et en ceste espasse de tans li rois Jehans envoija à Rome et i traimist trop grant trésor et manda au Pape que il li otrioit .iiii. estrelins de rente de cascun feu, mais que pour Dieu, il mesist conselg à son afaire ! — Quant li apostoles et li frère virent le grant trésor à tous jours que bien valoit. M. mars d'estrellins l'an, si en furent li apostoles et li frère moult liet, et moult meus ! Et envoia li apostoles à mon signeur Loeys et li manda outreement que il voloit que il s'en revenist, et se il ne le faisoit il l'escumunieroit et luy et toutes ses aydes.—Et mesire Loeys ne prisa tout .i. pois quanques li apostoles li manda, ançois conquerroit adies tére : et li apostoles le fist escuménijer par toute crestienté et tous ses aidans en toutes manières.

Puis avint que me sires Loeys ot despendu tout le sien et li fali argent, et manda à son père que il lui aidast et envoijast deniers. Et li rois dist,

Par la lance Saint Jaques, que il n'en feroit noient, ne ja pour lui ne seroit escuminijés ! — Quant me dame Blance le sot, si vint au roi et li dist : « Coument, sire, lairés vous dont vostre filg morir en estranges tères ? Sire, pour Dieu ! il doit iestre yretiers après vous ! envoiiés lui quanques mestiers li est ; au moins les issues de son patrimoine ! » — Cierles, Blance, dist li rois, je n'en feroi noient. — Non, Sire ? dit la dame. — Non voir, dist li rois. — Et bien, je sai, dist la dame, que j'en ferai ?—Qu'én ferés vous dont. dist li rois. — Par la benoîte mère-Dieu, j'ai biaus enfans de mon Signeur je les meterai en gages, et bien trouverai qui me prestera sour ausi » Atant se parti dou roi ausi comme diervée. Et quant li rois l'en vit ensi aler, si quida que elle desit vérité. Si le fist rapieler et li dist : «Blance, je vous donrai de mon trésor tant comme vous vorrez : et en faites çou que vous volés et çou que vous quidiés que boin soit. Mais saciés devoir que je ne li envoierai riens.—Sire, dist madame Blance, vous dites bien. » « Et lors fu delivrés li grans trésors à madame Blance. Et elle l'envoia à son signour et il renforcha sa guerre (1).

(1) Ce remarquable passage de la vie de la reine Blanche ne se trouve dans aucun auteur connu. Nos historiens éclectiques pourront pulvériser le récit de notre Chroniqueur de

Quant li rois Jehans vit qu'il pierderoit dou tout sa tere, si manda ses barons et lor cria merchi, et dist que il lor amenderoit tout à lor volenté et meteroit tout son règne en lor mains, et toutes lor forterèces, et pour Dieu euscent merchi de luil--Quant li baron l'oïrent se humilijer, si lor en prist grans pitiés. Et on dist piecha: *que vrais cuers ne puet mentir*, et moult doit-on amer mius son droit signour que .г. estraigne. Si prisent de lui le sairement que il s'amenderoit à lor volenté et meteroit tout son règne en lor mains, et furent saisi des forterèces. Puis vinrent à mon signour Loeys et li disent : — Sire, saciez devoir, nous ne poons plus soufrir le damage nostre signour car il se voet amender. Et bien saciez devoir que nous ne serons plus vostres aidant, ançois serons contre vous. » —Quant me sires Loeys l'entendi si en fu moult courechiés et lor dist : « Coument, biel signour, dont m'avez vous traï?— Et il répondirent : » —Mius nous vaut-il que nous vous falons de convenences que nous laissons nostre Signeur escillier ne destruire. Mais pour

leurs superbes dédains; nous persisterons à croire qu'il est véridique : on n'invente pas une semblable éloquence de cœur, et ainsi que l'a dit l'éditeur du *Romancéro français* (M. Paulin Paris), on ne connaît rien dans l'antiquité que l'on puisse mettre au-dessus de cet admirable mouvement de Blanche.

Dieu ralez vous en, si ferés que sages, car la demourée en cest pays ne vous est preus. »

Quant me sire Loeys vit qu'autrement ne poroit iestre, si fist atourner sa navie et s'en revint en France, ne pot né iestre assols desei adont que li ostage furent rendu.—Et une piéche apriès ala à Toulouse, et i mena grant gent : et i fu li quens Thiebaus de Campaigne et li quens de St. Pol, li quens de Sancerre, li quens de Neviers et moult d'autre baron : et fu grant piéche devant Toulouse, n'onques portes n'en furent closes pour aus, n'onques de riens n'i esploita, ains revint à moins d'avoir et à plus de péciés et de blasme.

CHAPITRE XXI.

De la mort le roi Phelippe.

En cel tempoire avint que li rois Phelippes de France tenoit un parlement à Meanthe, entour la fieste de la Magdelaine, et i avoit moult de grans seignours, et i avoit que veskes que archevesques .XLVIII. Et la mors qui nului n'espargne, ne grant ne petit, li vint monstrer ses cenbiaus, et fu au lit de la mort, et fu confiés et repentans de ses meffais. Et fist sa devise et laissa à la tière d'outremer la tierce partie de son trésor qui moult estoit grans et l'autre tierce partie as povres, et l'autre tierce partie à la corone de France gouverner et deffendre; et rendi l'ame à nostre Signour : et boine opinion en a-on. Car il fu demonstré à aucun preudomme à cui li sains esperis l'avoit fait sentir.

Li rois Phelippes fu ensevelis et atournès si

come il apiertenoit à cors de si haut roi : et fu portés des haus barons et des haus chevaliers à Saint-Denis en France. Et à cescune reposée faisoit-on une crois où li ymage de lui est figurée. Et li canta messe l'archeveskes Guillaumes de Genvile et l'enfoui de sa main. Et puis li fist-on tombe de fin or et argent où il est traitiés come rois. Et i sont .XLVIII. vesques reviesti, si come pour canter messe, les mitres ès ciés et les crocés ès mains.

Chi vous lairons ester del roi Phelippe dont Diex ait l'ame! qui trespassa de vie, tierc jour après le Magdelaine, en l'an .M. CC. et .XXIII. et regna .XLVII. ans, et il avoit .XXVI. ans quant il fu coronés. (1).

---

(1) En l'an de l'Incarnation MCCXXIII, morut Phelippe li bons rois ou chastel de Meantes, rois très sages, nobles en vertu, grans en fais, clers en renommée, glorieus en governement, victorieus en batailles.

(Chroniques de Saint-Denis).

CHAPITRE XXII.

Coment li rois Loeys regna après la mort le roi son père.

r vous dirons de mon signour Loeys et de ma dame Blance sa (femme qui fu fille le roi d'Espaigne) qui avoit .IIII. enfans dont li ainsnés ot nom Phelippes, li autres Loeys, li tiers Robiers, li quars Anfours. Et morn Phelippes li ainsnés en l'eage de .xx. ans : et la dame estoit grosse d'une fille qui ot nom Ysabiaus et ne se vot onkes marier, ains se tint en estat de virginité et fist moult de biens.

Or revenrons à nostre matère. — Me sires Loeys fist atourner pour lui et pour sa feme coroner, à Rains, et fist ses hommes semonre pour iestre à son coronement, as octaves de la mi-aoust : et vint à Rains la plus grans chevalerie et li plus grans peules qui onkes fust assamblés. Lors furent sa-

crés mes sires Loeys et madame Blance sa femme.
Et furent enoint de la sainte Ampoule que Diex
envoia dou ciel à mon signeur S. Remi pour en-
ôindre le roi Cloevis qui fu li premiers rois des
crestiens qui onkes fust en France. Et furent en-
oint par la main l'archevesque Guillaume de Gen-
ville qui adont estoit archevesques de Rains (1).
Et puis en furent menet ou palais à .VIII. araines
soünans et fu li mangiers apparelliés, li plus
biaus et li plus grans qui onkes fust à coronement
de roi ; et í ot les plus biaus paremens as riches
hommes que on veïst onkes (2). L'endemain se

(1) Nostre archevesque ayant achevé la cérémonie des funérailles (de Philippe Auguste), et dit son sentiment en l'assemblée des Pères, touchant l'extirpation des hérétiques albigeois, reprit le chemin de Reims pour disposer le sacre du nouveau Roi. La pluspart des évesques suivirent la cour au voyage de Champagne : et Sa Majesté ayant faict son entrée en la magnificence ordinaire, reçeut la divine onction, âgé de 36 ans, le 8 des ides d'aoust, jour de la Transfiguration du Sauveur, 1223 : et fut couronné ensuite avec Blanche de Castille, son épouse, en présence du légat du Pape, de Jean, roy de Hiérusalem, et de tous les Princes et grands officiers de la couronne. (MARLOT. *Histoire de Reims : texte français. Mns. autogr. t. 3. Biblioth. de Reims.*

(2) En l'uitième jour après les ydes du mois d'aoust en ice meismes an, le jour de la feste Saint-Sixte, le couronna à Rains l'archevesque Guillaume de Rains et avec lui ma-

CHAP. XXII.

departi la cours : Li roi et la roine s'en alèrent
en France et furent recheu à grant sollepnité à
Paris.

Li archevesques Guillaumes qui devoit paijer
les frais dou coronement les demanda et requist
as eschievins de Rains, et dist qu'il les devoient
paijer, et en traist avant faus tiesmoignages, Jehan le clerc dou Bourc, l'archediakene Huon de
Sarcu, le doijen Pieron de Lageri et le cantre
de Rains, et le tiesmoigniérent par lor seaus. Mais
li eschievin de Rains, c'est à savoir : Voisius-li-
Cos, Jakes li bourgois, Cochons de Monlorent,
Gautiers li roux, Corbiaus, Picais, Gerars li contres, Huitiers li gros et Ocdes de Vregelair et li
autre compaignon ne li vorrent soufrir, ains s'en
allèrent au Roi et li disent coment l'archevesques
les voloit mal baillir. Et li rois lor dist que il ne
voloit pas que li bourgeois le paiaissent se il ne
le devoient. Et i envoia mon signeur Renaut de
Pierronne qui estoit de son conselg pour enquerre qui l'avoit paijet au couronement le roi
Phelippe, ou li archevesques ou li bourgois. Et
vint à Raius et fu au temple li archevesques et li
dame Blanche sa femme, présent le roi Jehan de Jérusalem et présent les Princes du Royaume de France, et avoit
ja le Rois Loeys .xxxvi. ans d'aage.

(*Chroniques de Saint-Denis*).

eschievin présentement. Et l'enquist me sires Renaus à vins hommes de Rains, et trouva par boine enqueste loiale que li archevesques l'avoit paijet. Et lors furent rendues les lettres as eschievins des faus tiesmoignages que li archediakenes et li doijens et li cantres avoient données à l'archevesque par le conselg dou capitle : et li eschievin les depecièrent, voiant tous ceaus qui là estoient. Et d'enki en avant paijèrent li archevesques le coronement sans contredit (1).

(1) Ce récit, quoiqu'en évidente contradiction avec l'histoire imprimée, n'en est pas moins curieux. Il existe dans les cartulaires de l'archevêché plusieurs copies de la charte de Louis VIII, datée à Sens, du mois d'août 1223, par laquelle ce prince instruit les Rémois que, par suite de l'information qu'il a fait faire touchant le paiement des frais du sacre, il est établi que ces frais sont à leur charge. «Notre amé et féal Guillaume, archevêque de Reims, a fait pour notre couronnement de telles dépenses, qu'il ne peut les payer sans être aidé par vous et par ses autres vassaux. Nous vous ordonnons de lui donner une somme d'argent dont non-seulement lui, mais nous-mêmes puissions être contents. Sachez que nous n'écouterons aucune remontrance, et que si l'archevêque lui-même voulait vous en dispenser, nous ne le souffririons pas, car on nous a bien fait entendre que vous le devez.»

Cette lettre est la première qui traite de l'obligation pour les Rémois de fournir aux frais du sacre. Cela est si vrai, que Guillaume de Champagne, épuisé par les dépenses du sacre de Philippe Auguste, s'était adressé seulement au chapitre et nullement aux citoyens, pour le soulager dans le paiement de ces frais. — La lettre de Louis VIII ne constitua pas même un titre légal contre les habitants : car il est certain qu'au sacre de Saint-Louis ils ne furent tenus à aucun impôt. Ce n'est qu'au sacre de Philippe le Hardi que les prétentions de l'archevêque se renouvelèrent. Les échevins assignés, se virent définitivement condamnés et, sur leur refus de payer, furent mis en prison, et n'en sortirent qu'en comptant une certaine somme. — La même chose se renouvela au sacre de Philippe le Bel, si bien que la ville en prit son parti, et ne songea plus qu'au mode de répartir cet impôt.

L'auteur de notre chronique, que nous considérons comme Rémois, écrivait sous le règne de Louis IX, dont il ne dit pas toute la vie. Il ne pouvait ignorer les contestations suscitées lors du sacre de Louis VIII, non plus que la lettre de ce prince. Mais comme les gens de l'archevêque ne s'en firent pas un titre contre les habitants, lors du sacre de Saint-Louis, notre auteur, bourgeois de condition, n'aura pas reculé devant l'altération d'un fait qu'il pouvait être dangereux pour les Rémois de reconnaître.

CHAPITRE XXIII.

Coment il advint de celui qui se fist conte Bauduin.

Nous revenrons au roi Loeys qui preudom fu et hardis et moult travella en sa vie et ot, puis qu'il fu rois, .I. filg qui ot nom Carles et fu quens d'Ango. Et en cel an, il en ala en la Roicèle en Poitou et le prist par force, et le tient encore li rois.

Puis avint une mervelleuse aventure en Flandres; car aucun grant seigneur de Flandres traitièrent une grant traïson par envie envers la comtesse Jehanne de Flandres et pourcacièrent .I. vieillart et le misent en abit d'oume reclus en la foriest de Vicoigne. Et la fu grant tans et li faisoient entendant que ils le feroient comte de Flandres. Et cius lors demanda coment ce poroit avenir et il respondirent qu'il feroient entendant au peule que c'estoit li quens Bauduins qui s'en ala lonctans à Constantinople et estoit pères la comtesse: or est escapés de prison et est chi venus en ceste foriest pour faire sa penanche Et li ensegnièrent coment il responderoit à ceaus qui li enquerroient de son afaire. Mais saciez vraiement que bourde ne puet iestre celée en la fin. — Li vieillars les crut, si fist que fols : car il ne l'en vint, se hontes non, si comme vous orés cha en avant. Et fisent entendant pour voir que c'estoit li quens Bauduins, et en poi de tans furent ces nouvelles si espandues que c'estoit mervelles. Et i avoit moult grant alé. Et le traisent fors de l'hermitage et le menèrent à Valenciennes et li fisent faire reube d'escarlate fourée de vair et le misent sous un grant diestrier, et le menèrent par toutes les boines viles de Flandres et li paioient tous ses despens. Et toutes Flandres le tenoit à signeur et moult le conjoirent. Ensi fu une pièche en celle signourie, tant qu'il oi dire que la comtesse estoit à Haimoncaisnoit, assise au mangier. Et li quens empruntés le sot, et fist monter sa gent pour prendre la comtesse, mais aucuns siens amis li fist savoir, et ot si poi d'espasse de fuir qu'il le convint i monter sour .I. soumier, et fu envoijé à Mons en Hainau, et là fu elle à guarison. Et quant la comtesse vit qu'ensi estoit, si manda au roi son cousin germain que pour Dieu il mesist conseil à son affaire, ou elle pierderoit sa terre. Quant li rois oï çou, si ot conselg qu'il manderoit à celui qui se faisoit quens Bauduins de Flandres qu'il venist à lui au parlement à Pieronne, sauf alant et sauf venant. Et s'il estoit ses oncles il en seroit moult liés, et le lairoit goïr de sa terre. Et i envoia .I. message atout ses lettres et fu pris li parlemens et il dist qu'il iroit.

Quant vint au jour, si fist son oirre aprester à tout grant gens : et fu montés sour .I. cheval moriel amblant, et ot viestue une grant cape fourée de cendal vert, et fu d'escarlate et ot .I. capiel de bouriel el cief, et tenoit en sa main une blance verge et mervelles sanbloit bien preudomme, et ensi ala à la court. Et ot grant route de gent après lui et descendi au piet del dégret de la sale et monta amont, ses huissiers devant lui, comme grans sires. Et fu nonciet au roi que il venoit. Quant li rois l'entendi si issi de la cambre et li vint à l'encontre et li dist : « Sire, vous soijés bien venus, se vous iestes mes oncles, quens Bauduins, qui devés iestre emperères de Constantinople et rois de Salenike et quens de Flandres et de Hainau. — Biaus niés, dist-il, vous aijés boine aventure de Dieu et de sa douce mère ! voirement sui-je çou et tout çou deveroje iestre, sé on me faisoit droit. Mais ma fille me voet désyreter et ne me voet connoistre à père. Si vous prie, biaus niés, que vous m'aidiés ma droiture à garder. — Ciertes dist li rois, pour el ne sui jou venus chi. Mais il convient par raison savoir de vous la vérité. Car il a bien si come j'ai entendu, L. ans et plus que li quens Bauduins mes oncles ala en Constantinoble, et fur pris, Et poi est oré de ceaus qui au jour de dont estoient. — Ciertes dist-il, jé le voel bien. — Nous vous demandons dist, frère Garins li evesques de Saint-Lis, à quelle vile vous espousastes vostre femme? — Quand il oï çou demander si pensa .I. poi, car de çou n'avoit il pas esté apris. Si ne sot respondre, et dist qu'il voloit aler dormir. Et pensa en son cuer que le demanderoit à ceaus qui l'ensegnoient. Mais ensi n'ala pas. Car on le coucha en une cambre tout seul. Et fisent bien garder les huis, que nus n'i entrast. Et quant vint as relevéee, se li demanda-on se il vouloit respondre de çou que on li avoit demandé. Et il en fist le coureciet, et dist qu'il s'en voloit aler. Et li roi li otria boinement. — Atant parti dou roi li musars et s'en ala à Valenciennes dont il estoit venus en l'abeye Saint-Jehan. Et la nuit s'enfui lui tierc en Bourgoigne à Rays dont il estoit nés. — Et li rois repaira en France qui s'apierchut que c'estoit uns baretères. Ensi demora bien demi an qu'on ne sot de lui nouvièles. Si avint que uns escuijers le signeur de Cathenai le vit .I.

jour de marciet à Cathenai, si le monstra son signeur et li dist : « Sire, veeschi celui qui se faisoit quens Bauduins. — Tais toi adiables, tu mens, ce ne puet iestre. — Sire, dist li escuiers, pendez moi par la geule, se ce n'est voirs. — Voire dist mesire Evrars, prendés le dont ; par saint Jake il me rendera bon poivre. » — Lors le prisent li escuier et le misent en prison et reconnut que c'estoit il voirement. Et me sire Evrars fist escrire unes lettres et manda à la comtesse de Flandres que il tenoit le bareteur. Quant la comtesse de Flandres le sot, si en fu moult lie, et fist escrire unes lettres qu'elle prometoit à mon signeur Evrart de Cathenai. M. mars d'argent à sa volenté et en abandonnoit tous ses biens, se li envoiast. Et mesire Evrars li envoia maintenant et retint la lettres qui puis li ot mestier. Car la comtesse li fali de convenances, et il prist tant del sien que en fu paijés.

Quant la comtesse vit celui qui ne sot à dire coment la vile avoit à non où il avoit espousée sa mère, si li demanda dont il estoit, et par quel conselg il avoit çou fait. Et il dist qu'il avoit nom Biertrans de Rays, et l'avoit fait par le conselg de chevaliers et de dames et de clers et le traisent hors de son hermitage où il voloit s'ame sauver.—

« Par foi, dist la comtesse, vous fesistes que fols.—

Vous voliés bien iestre quens sans raison. » —Lors le fist desviestir et remest en une cote d'estainfort sans roies, et le fist après descaindre et descaucier et trouva on que il n'avoit nul doit ès piés. Et fu mis sour .1. ronchi et menés par tous les osteus de le fieste de Lille qui adont estoit. Et disoit devant cescun ostel : « Entendés ce caitif entendés : je sui, disoit-il, Biertrans de Rays en Bourgoigne, un povres homme qui ne doit iestre ne quens, ne rois, ne dus, ne emperères. Et çou que je faisoie, faisoie jou par le conselg des chevaliers, des dames et des bourgois de cest pays. » —Atant le faisoit on taire. Et fu mis en .1. pellorit tout nuef qu'on li fist emi le cauchie de Lille, et .11. grans mastins dencoste lui, l'un à diestre et l'autre à senestre ; et fu pendus à .1. gibet tout nuef, et à .1. caignon tout nuef, que la corde ne rompist. Et pendi .1. an et plus. —Chi lairons dou musart qui folement ouvra : et on dist piecha : Que cius a grant disete de sot, qui de lui meymés le fait (1).

(1) Cette histoire du faux Baudouin se trouve, mais avec moins de détails, dans les grandes Chroniques de St.-Denis. Voici en quels termes on y raconte son entrevue avec le roi de France et ce qui s'en suivit :

« Li rois li demanda de moult de choses, et espécialement où il avoit fait hommage au roi Phelippe son père de la conté de Flandres et où il l'avoit fait chevalier. Quant cil apperçut les demandes le roi, si se doubta forment, et prist à querre aloignes de respondre aussi comme par ourgueil. Li roys, qui vit bien et aperçut la folie et l'ourgueil de lui, fu courouciés ; si li commanda que il vidast dedans trois jours sa terre et son royaume, et li donna conduit a reperier.... Lors quant il se vit seul et congeié du regne, si se tapi et foui aussi comme un marchans en la terre de Bourgoingne. Mais il eut fu pris d'un chevalier qui le trouva et ramena à la contesse de Flandres. Quant la contesse le tint, si le fist jeter en chartre, et puis le pristrent ses gens, si li firent souffrir divers tourmens, et au derrenier le pendirent a un gibett. » *(Chroniques de Saint-Denis)*.

« Quelques auteurs, trompés sans doute par le nom de Bertrand de Rais, donnent au faux Baudoin la ville de Reims pour patrie. Il me semble que s'il en eût été ainsi, notre chroniqueur n'eût pas manqué de nous le dire. Il dit au contraire à plusieurs reprises, qu'il était de Bourgogne.—« Meyer, dit Marlot, le fait Champenois, et dit qu'il était surnommé de Rains. Philippe Mousk l'appelle aussi Bertrand de Rais. Boccaso, l'an 1225, le fait Rémois par ces paroles : *Bertrandus Baiusus, Remensis ex campagnia oriundus.* — Nous laissons en doute, ajoute Marlot, s'il était natif de Reims ou de Reyns, qui est un bourg près du Rhin, où Charles, fils ainé de Jean, roi de Bohême, fut eslu empereur, en 1346. »

CHAPITRE XXIV.

Coment li rois Loeys regna de son vivant.

Ja vous dirons dou roi Loeys qui onques n'ot gaires de repos. Nouvièles li vinrent que cil d'Avegnon estoient revelé contre lui et avoient pris et ocis de ses garnisons qui marcissoient à aus. Et li rois i envoïa et lor manda que il li venissent amender et il remandèrent au roi qu'il n'en feroient riens pour lui, ni à lui ne se tenoient-il pas. — Quant li rois oï l'orguel que cil d'Avignon li mandoient, si en fu moult iriés et fit semonre ses amis et ses fièves et par homage et par amours, et assembla si grant ost que ce fu mervelles : et i fu li archevesques de Joenville moult enforciement, et li quens de St. Pol, qui moult estoit biaus chevaliers. et preus et loiaus, et moult grant signor avoec lui. Et s'en ala à Avignon et l'assist. Et cil dedens estoient bien garnis et poi les doutoient, et sist li rois devant demi an et plus, et poi les adamaga et comanda qu'on assalist à la cité, et furent li engien dreciés et gietèrent grosses piéres en la cité. Et li quens de St. Pol fist en celle nuit le gait. Et cil dedens faisoient aussi giéter lor engiens à ceaus de fors; si avint par mescéance, que li quens Guis de St. Pol estoit alés veoir les gietours des engiens, et une pière des engiens à ceaus dedens li chéi sour la tieste et fu tous esciervelés et fu portés au tref le roi. Et quant li rois le vit mort, si en fu si très durement coureciés que fu ausi come fors dou sens, ne nus homés vivans ne le past adont apaisier; car il l'amoit forment. Car certes il faisoit trop amer, car il estoit enteciés de toutes boines teches (1).

Li cors le comte de saint Pol fu desarmés et fu vuidiés et embaussemés et fu mis en .1. lonc coffre et fu portés en Longheiaue, desous Castillon, en une priorie de Nounains qu'il avoit fondée, et la fu enfouis honorablement (2). Et li assaus fu remés

(1) Au siége mourut li quens de Sainct-Pol, qui estoit nommés Guy, et fu férie d'une pierre de mangonel : dommage fu, preudons estoit et preus aus armes et fervens en foy... Li quens de Champaigne Thibaut se departi du siége, et vint en son païs sans congié, demander au roy ne au légat de Rome, Romain, diacre et cardinal.

(*Chroniques de Saint-Denis*).

(2) Longheiane.—Longueau.—Prieuré de filles, dont Guy de Chastillon fut, non pas le premier fondateur, mais le plus

et furent trives donnés des uns as autres .XL. jours; et jura li rois devant tous, que se li castiaus ne estoit rendus devers le tierme des trives et il les pooit prendre par force, il les feroit tous ocire et mettre à l'espée.

Quant cil d'Avignon virent que li rois ot juré pour le couroux dou conte qui mort estoit, si orent conselg qu'il renderoient la cité au roi, sauve lor vies. Car ils savoient bien que à la parfin ne le poroient il mie tenir et le rendirent. — Et li rois eu fist abattre les murs et mit ens ses garnisons à lor coust et se partist d'iluec au plus tost qu'il pot, car li lius estoit tout corrompus et moult i ot mors de gens, et i fu mors li quens de Namur, dont ce fu grans damages et moult d'autre rice home.

Si come li rois et li archevesques de Rains s'en revenoient, si les prist maladie grans, et furent mis en litière et furent portés jusques à Monpancier, un fort castiel le roi, et ne porent avant aler (1).

---

généreux bienfaiteur. Nous conservons aux archives de Reims sa charte de 1188, par laquelle il confirme le don et aumosne de Gaucher, son aïeul, du lieu où la maison conventuelle est bâtie. — C'est donc à tort que les historiens de la province indiquent Thibault II, comte de Champagne, comme fondateur de cette maison.

(1) « Notre archevesque suivit trois jours après en ce passage : car comme il eut esté surpris d'une pareille maladie,

Et là moru li rois dont Diex ait l'ame! Et fu acompli la prophésie que on dist que Merlins avoit dit; car il dist *que li dous lions de France morroit à Monpancier*, et voirement estoit-il li dous lions, et estoit hardis outre mesure; ne n'afferoit pas à roi çou que il faisoit. Et fu li cors embausemés de bausme et aportés à Saint-Denis où il fu enfouis en cimitère comune (1).

pour le mauvais air du pays, de l'infection qui estoit en l'armée, il désira se faire reporter à Reims pour y finir ses jours; mais le mal croissant avec les symptômes, il mourut à St-Flour, suivant Albéric, et fut transporté à Clervaux, maison de saint Bernard, où Geoffroy son ayeul et Simon son frère sont inhumés. C'est le second de nos archevesques qui a pris la croix contre les ennemis de l'Eglise. Le Saint-Siége l'honora du titre de légat, reconnaissant son zèle et sa générosité. Nos rois l'ont chéri pour ses vertus, et tout le clergé l'aimoit comme le père commun de la province, estant un personnage paisible, accort, et grandement libéral envers les églises... Le lieu de sa sépulture se voit encore au cimetière de Clervaux, remarqué par une tombe qui sert de soubassement à quatre pilliers soustenant un toit en forme de dôme qui la couronne de toutes parts : Ces mots étant gravez dessus pour épitaphe :

Hic jacet dominus Guilelmus Linguonensis
Episcopus postea Remensis Archiepiscopus.

MARLOT. Texte français de son *Histoire de Reims*. Mns. in-f°, t. 3. *Biblioth. de Reims*.

(1) Guillaume de Puy-Laurens, dans son *Historia Albi-*

Chi vous lairons ester des mors, si parlerons des vis. La roine Blance menoit mervellous duel et ce n'estoit pas mervelle, car elle avoit moult pierdu. Car si enfant estoient petit, et elle estoit seule feme d'estraigne contrée; et avoit à marcir à grans signeurs, au conte Phelippe Hurepiel de Boulongne, au conte Robiers de Dreus, son frère, au conte de Mascon, au signeur de Courtenai, à monsigneur Engherrant de Couchi, et à tout le grant lignage qui lors estoit. Si les resongna moult; si manda les princes dou roiaume où elle se fioit plus, et lor dist : « Signeur, me sires est mors, dont çou est mes damages et li vostres! Si vous

gensium, raconte, à l'occasion de la maladie du roi Louis VIII, une singulière anecdote :

« Erat autem quod revelari posset, ut dicebatur, usu feminæ ægritudo : quod, sicut audivi à viro fide digno referri, sentiens vir nobilis Arcambaldus de Borbonio qui in ejus erat societate, posse juvari regem amplexu feminæ, quæsitam virginem speciosam ac generosam, atque edoctam qualiter regi se offerrat et loqueretur quod non libidinis desiderio, sed auditæ infirmitatis auxilio advenisset, dormiente rege, à cubiculariis ejus de die fecit in thalamum introduci : quam rex evigilans, cum vidisset aspirantem, quæsivit quæ esset et qualiter introisset; quæ sicut edocta erat, ad quid advenerat reseravit ; cui regratiatus rex ait : Non ita necesse erit, puella ; non enim peccarem mortaliter ullo modo... Et convocato dicto viro domino Arcambaldo, mandavit eam honorifice maritari. »

demande conselg que je ferai, car j'en ai grant mestier! — Parfoi, dient-il, Dame, vous ferez vostre filg Loeys coroner à Rains, et irons là tout armés et sera couronnés, cui que il empoist. » Et fu li jours del enfant coroner pris, au jour de la St. Andriu, l'an del incarnation notre Signour .M. CC. et XXVI. ans et n'avoit adont que .XIIII. ans; et vinrent à Rains simplement. Et fu li enfans coronés par le main le vesque de Soissons, car adont estoit li sièges vaghes. Et furent fait li homage au roi et à la roine, tant comme elle tenroit la baillie. Et de çou orent li baron grant envie (1). —Et en cel tempoire fu elleus Henris de Braine à archevesque de Rains qui tant fist de mal as

(1) Durant ce temps que le siége de Reims demeura sans archevesque, la royne Blanche voulant exécuter la volonté du Roy deffunct, son mari, qui luy avoit enjoint de faire promptement couronner son fils qui porte le tiltre de saint, le fit conduire à Reims quinze jours après sa mort, n'estant âgé que de douze ans, où il fut sacré, non par Galiherius, archevesque de Sens, comme Cl. Robert a escrit, auquel sans doute l'église de Reims se fust opposé, mais par le ministère de Jacques de Bazoches, évesque de Soissons, doyen de la province, qui prétend ce droit en l'absence du métropolitain. La cérémonie se fit le premier dimanche des advens, année 1226, suivant la chronique de Guillaume de Nangis, autheur contemporain, et celle de Philippe de Mouhx, rapportées par Duchesne, marquent qu'Henry de

bourgois, car onques n'orent pais tant come il vesqui. Et fu archevesques. xiiii. ans et moru entour la saint Jehan, l'an .m. cc. et .xl. ans (1).

Braine assista en ce sacre, n'estant encore que trésorier de Beauvais, attendu qu'il n'y avoit alors aucun archevesque eslu :

>..... Li quens Robert i alla
> Pour faire ouvrage : quant fu là
> Et ses frères li trésoriers
> De Biauvais ki secons ou tiers
> Fu nommés de l'archevesché
> Si ni ot encor nul esleu.
>
> (Marlot, *ibid.*).

(1) Henry de Braine, ou de Dreux, fils de Robert II, comte de Dreux et d'Iolande de Coucy. Il fut élu par le chapitre en 1227. Il était archidiacre de Reims et trésorier de Beauvais. Ce fut sous lui que Libergiers commença la belle église de St.-Nicaise de Reims, et il en posa la première pierre le lundi de Pâques de l'année 1227. L'histoire de Reims a prononcé anathème à la mémoire d'Henry de Braine. Le chanoine Anquetil termine ainsi le récit de sa vie à propos de l'exécution de cent quatre-vingt-trois Bulgares qui furent brûlés en 1219 sur le Mont-Aimé. «Cette exécution effrayante dont Henry de Braine fut le principal instrument, peint son caractère et justifie les Rémois sur les efforts qu'ils firent pour se soustraire à sa domination..... Peut-être des défauts trop frappants ont-ils fait oublier ses bonnes qualités.» — Il mourut le 4 juillet 1240.

CHAPITRE XXV.

Coment li baron revelèrent contre la roine de France.

N revenrons as barons qui ne pensoient, se mal non, envers la roine de France et faisoient souvent parlement ensamble : et disoient quil n'estoit en France qui les peust gouverner, et veoient que li rois estoit jouènes et si frère, et poi prisoient la mère. Si foloièrent ensamble et fisent entendant au conte de Boulongne que il en feroient roi. Et il n'estoit mie moult sages, si les crut. Et prisent conselg que il se prenderoient premiers au conte Thiébault de Champaigne et li meteroient sus la mort le roi Loeys, pour çou que il l'avoit laissiet à Avignon, et s'en estoit partis mauvaisement comme traîtres; Et s'il l'avoient mort ou pris, il n'averoient mais nul contredit au roiaume conquerre.—Ensi fu atourné.—Et li quens de Boulongne ala deffier le conte

CHAP. XXV.

Thiébault par .II. chevaliers et li demanda entresait la mort son frère. Li quens en fu moult esbahis, et fist semonre ses hommes, et lor demanda conselg que il feroit. Et si homme li respondirent malement, car il estoient tout tourné devicrs les barons.—Et quant li quens vit et entendit lor mauvais cuers et lor mauvais respons, si ot tout le cuer pierdu (1) : et nequedent il fist millour ciére que

(1) L'an mil deux cens et vint et dis
 Fu Danmartin en flambe mis ;
 Et sachiez que cel an meïme
 Fu à Charonne la Devinne (*sybille*),
 Et les grans guerres en Champaingne :
 Jamais n'iert qui ne s'en plaingne.
 En tel point fu li quens Tibaut
 Qu'il ala nus comme un ribaut,
 Un autre ribaus avec lui,
 Qui ne fu conneu de nului,
 Pour escouter que l'en disoit
 De lui, et l'on en devisoit.
 Tuit le retraient de traïson
 Petit et grant, mauvez et bon,
 Et un et autre, et bas et haut.
 Lors dit li quens à son ribaut :
 « Compains, or voi-j'en bien de plain,
 » Que d'une denrée de pain
 » Saouleroie tous mes amis ;
 » Je n'en ai nul, ce m'est avis,
 » Ne je n'ai en nuli fiance,
 » Fors qu'en la roïne de France. »

il ne pensa et comencha à deffaire une arche dou Pont de Basson, et fist faire, par deseure le pont, barbacanes et deffenses et comanda le pont à garder au conte Huon de Retel, qui gaires n'en fist sa partie boine; et garni Fimes et en fist kievetain Simon de Traileu, et fist garnir Moiemer, et ce fu la garnisons qui mius se prouva enviers lui. Et se traist à Provins et fist le bourc fremer hasteement et se tint là, car il ne se savoit à qui fier.

Chi vous lairons .i. poi dou conte Thiébault et dirons des barons qui assamblèrent une si grant ost que c'estoit mervelles à veoir. Et vinrent droit à Fimes et fu assise, et furent devant grant pièche. En la fin lor fu renduc, et le fisent miner et boutèrent le fu dedens. Mais la tour estoit si boine qu'onques ne se desmenti. Et puis se traisent droit au Pont-à-Basson, et là ne porent passer, car il estoit moult bien hourdés. Et quant li quens de St Pol vit qu'il ne passeroit pas au pont, si contre

> Cele ci fu loiale amie;
> Bien monstra que ne le haict mie.
> Car li fu finée la guerre,
> Et conquise toute la terre.
> Maintes paroles en dist an,
> Comme d'Iseult et de Tristan.
>
> (*Chronique métrique de St-Magloire*).

monta .1. poi Marne, juskes endroit Ruel et la passa il premerains entre lui et sa gent. Mais .1. poi i ot de contredit d'entour .x. chevaliers qui estoient de la maisnie au conte de Retel qui contredisent le passage tant comme il porent. Mais il ne lor valu noient; car li quens de St Pol estoit passés. Et quant li quens de Retel le vit outre, si tourna le dos et s'en fui. Et li moines de Longon i fu navrés et pris. Atant passèrent tout, car Marne estoit adont petite, et puis alèrent à Asprenay et le brisièrent et entrèrent ens par force et i gaegnièrent grant avoir, et moult en vint à Rains, dont teus i ot qui bien en fisent lor fieret. Et puis alèrent à Dameri et fu reusée et d'enki alèrent à Susane et le trouvérent toute vuide, car li quens i avoit fait le fubouter, et bien saciés de voir que cil de Moiemer les contralioient durement : Et puis s'en alèrent vers Provins, mais la vitaille lor aloit aukes falant (1), et cil de

(1) *La Chronique de Flandres*, chap. xix, est de tous points conforme à ce récit. Hugues, comte de Saint-Paul, de la noble maison de Chastillon-sur-Marne, était de la ligue contre Thibault : « il contremonta Marne jusqu'à Reuil; là, « passa premier, luy et sa gent, mais un peu y eut de con- « tredit des chevaliers du comte de Rethel. Toutefois, rien « ne leur valut, car le comte de Saint-Pol gaigna le pas sur « eux. Le comte de Rethel s'enfuit, et fut pris un de ses

Moiemer hapoient qu'onques il lor venoit devers Rains, et c'estoit li lius dont plus de biens lor venoit : (1) car li Archevesques lor aidoit de tout son

» chevaliers, qu'on appeloit le moine de Meignon. Atant
» passa tout l'ost la rivière et vinrent à Espernay, qu'ils
» abatirent tout, et là gaignèrent grand thrésor. De là alè-
» rent à Damery et l'abatirent tout. Puis vindrent à Sésanne,
» et la trouvèrent toute vuide. Tantost menèrent leur ost
» vers Provins ; mais victuaille leur faillit. »

(1) *Moiemer*, ou Mont-Aimé, près Vertus. « Une assez bonne chronique, dit Fauchet, appelle *Moemer*, ou Mont-Aimé, *Hautefeuille*, et dit avoir été autrefois la maison du fameux Ganelon; l'auteur pense, dans un autre endroit, que cette montagne tire son nom du comte Maimer, dont le fils Rainer, convaincu d'avoir conspiré contre Charlemagne, fut pendu au haut de cette colline. » Il est déjà question de cette forteresse dans la Chronique Châlonnaise, à la date de 450. On lit que saint Alpin, évêque de Châlons, voulant soustraire la foule des réfugiés aux violences des soldats d'Attila, les conduisit à Moiemer, à seize mille de Châlons. C'est à Moiemer ou Mont-Aimé qu'en 878, Louis le Bègue, fils aîné de Charles le Chauve, assembla les états et se fit proclamer roi. C'est encore là, qu'en 1239, Henry de Braine fit impitoyablement brûler en un seul jour cent quatre-vingt-trois Bulgares convaincus d'hérésie : ce qui fut un holocauste agréable à Dieu, dit le moine Albéric, auteur contemporain. — La forteresse du Mont-Aimé joua un grand rôle dans l'histoire des guerres du xve siècle ; les anglais s'en rendirent maîtres à plusieurs reprises. En l'année 1446, le Mont-Aimé était occupé par les troupes de

pooir; et ensi ardoient le pays de Campaigne, ne nus n'i metoit conselg.

En la fin sot la roine Blanee que ce faisoient il pour le roiaume avoir, et bien sot que mes sires Engherrans de Couchi avoit ja fait faire la corone dont il devoit iestre coronés : ja fusce que

Charles VII. « Chastillon, dévoué aux Anglais et à la tête des seules milices de Reims, la prit après neuf mois de siége. Il avait à peine ramené ses soldats triomphants dans la ville, que les troupes du Roi surprirent sa conquête et recommencèrent leurs excursions sur le territoire rémois. Le comte de Salisbury, gouverneur de Champagne pour le roi d'Angleterre, sollicité par Troyes, Châlons et Reims, dont la garnison du Mont-Aimé interrompait le commerce, réunit leurs troupes, en composa un corps d'armée et vint mettre de nouveau le siege devant la place. Il fut presque aussi long et plus meurtrier que le premier. Les Rémois s'y portèrent avec une ardeur qui mérita les éloges du comte. La garnison n'attendit pas les derniers efforts : elle se rendit à des conditions honorables, et les trois villes intéressées au sort de la place, prirent le parti de la détruire. Reims fut chargée de l'exécution. On envoya une troupe de pionniers, de charpentiers, de maçons, avec des commissaires pour les commander et des soldats pour couvrir les travailleurs. L'ouvrage fut long et pénible. La principale tour qu'on nommait le donjon, avait douze pieds d'épaisseur et était si bien maçonnée, que les députés préposés à la démolition mandaient à Reims qu'un ouvrier pouvait porter sur son dos en une seule fois, tout ce qu'à grand'peine il avait arraché de pierres en un jour. » (ANQUETIL).

il fesiscent entendant le conte de Boulongne que il en feroient roi. Mais on dist piécha : *Cui Dieu voet aidier, nus ne li puet nuire*. Si ot la roine conselg quelle aideroit à deffendre Campaigne et la terre de Brie. Car li quens de Campaigne estoit ses parens et homme le roi. Et fist assambler une grant ost à .IIII. lieues de Troies et i fu li rois et elle. Et manda au conte de Boulongne et as barons qu'il ne fuscent si hardi que il mesfesiscent riens sour le fief le roi. Et bien lor manda qu'elle estoit appareillie de faire plain droit dou conte se il li savoient que demander. — Et il respondirent que il n'en plaideroient jà et que c'estoit coustume de femme que celui qui li averoit son mari mourdri, reprenderoit elle plus volentiers que .I. aut (1). — Lors respondi li quens de Boulongne qui s'estoit pierchus de la traison et dist : « Par foi, vous dites mal, et ce n'est pas esclairiet que vous metés sus au conte : et d'autre part, nous seriens parjur vers le roi, se nous des-

___

(1) On remarquera la discrétion de notre chroniqueur qui, tout en racontant de quel secours fut à Thibaut la reine Blanche, se garde bien de consigner le bruit des amours de ce prince avec la mère de saint Louis. Il en dit pourtant assez pour la glose. — Nous ne pouvons que renvoyer encore ici à ce que dit de ce curieux point historique, l'éditeur du *Romancéro français*.

ore-en-avant meffaisiens sour la deffense qui nous est faite. En sour que tout que li rois est mes niés, fius de mon frère, et si est mes liges sires, et je suis ses liges hom : si vous fais bien à savoir que je ne serai plus de vostre allianche ne de vostre acort. Ançois serai deviers le roi de tout mon loial pooir. »

Quant li baron entendirent ensi le conte parler si regardèrent li uns l'autre et furent tout esbahi et disent au conte qui lor Cievetains estoit : « Sire dont nous avés mal bailli, car vous raverés la pais la roine, et nous averons pierdu tière. — En non Dieu, dist li quens, mius vaut folie laissiée, que folie maintenue. »—Atant fait escrire unes lettres et manda à la roine que son comandement ne voloit pas trespasser, ne le coumandement le roi. Ançois est apparelliés de faire sa volenté. — Quant la roine le sot, si en fu moult lie et li quens de Boulongne se partit des barons, et li baron se partirent et ralèrent cescuns en sa tére à mesaise de cuer, pour çou qu'il n'avoient mie acompli lor volenté et avoient aquis la male amour la roine qui bien savoit amer et haïr à ceaus qui le desiervoient et gueredouner selon lor oevres.

Ensi fu cis contens apaisiés, et li quens de Campaigne demora en pais.—Et ne targa gaires apriès que la contesse Blance qui sa mère estoit moru, et puis .I. an apriès moru li rois de Navare qui ses oncles estoit. Et fu li quens envoiés querre des barons de Navarre et en fisent roi à Pampelune, selon la manière dou pays, et ot à femme la contesse d'Aubourc. ançois que il fust rois, et l'avoit renvoie, et pris la fille mon Signour Ymbiert de Biaugieu qui estoit nièche le roi: et moru celle et en remest une fille qui fu mariée au filg le conte Pieron-le-Clerc, qui puis fu quens de Bretaigne. Et puis se maria à la fille Erkenbaut de Bourbon. Et de celle dame ot il .VI. enfans, dont li mainsné ot nom Tiébaus, li secons Pières, li tiers, Henris, et li quars, Guillaume; et lainsnée damoisièle Aelis et l'autre Cecille.

Or vous lairons ester dou roi de Navare et vous dirons dou roi de Franche qui estoit en l'éage de .XX. ans et ot la roine conselg de lui marier et prist à feme la fille le conte de Prouvenche l'ainsnée dont il avoit .IIII. (1). Et maintenant li rois Henris d'Engletère prist la seconde, et li quens Richars ses freres, qui puis fu rois d'Alemaigne, prist la tierce; et li quens Guis fréres le roi de France ot la daeraine, et ot le contei de Provence. Car tèle estoit la coustume dou pays que

(1) *Dont il avoit* IIII, c'est-à-dire l'aînée de ses filles qui étaient au nombre de quatre.

li daerains enfens a tout, s'il n'i a hoir malle. — Et ot nom celle que li rois de France prist à feme Margherite, qui moult fu boine dame et sage, et ot del roi .viii. enfans .v. fius et .iii. filles dont li aisnés des fius ot non Loeys, li second Phelippes, li tiers Pieres, li quars Jehans, et li quins Robiers et l'aisnée des damoisièles ot nom Isabiaus et fu mariée au roi de Navare, et la seconde ot nom Margherite et la tierce ot nom Blance.

Or vous lairons ester des enfans, cui Diex gart ! et revenrons au roi de Navare qui avoit fait mariage de sa fille au conte de Bretaigne, et moult furent bien ensamble et usoit li rois de Navare del tout par son conselg. Et li quens li fist entendant que li rois de France li faisoit tort d'un fief de Blois, et s'aloia à lui et dist que il li feroit ravoir se il voloit. Car il avoient bon pooir entr'eaus deus par eaus et par lor amis. Li rois de Navare le crut si fist que fols. Car il en eust esté mal baillis se la roine Blance ne fust, qui fist tant qu'il fu apaisiés à son filg.

Puis mais orés coment li rois de Navare ouvra par mauvais conselg et fist fremer et requist au roi que il li rendist ses fiés de Blois dont il li faisoit tort, si come il disoit. Li rois respondist qu'il ne l'en faisoit nul tort, et se il li savoit que demander il l'en feroit droit par ses pers. Li rois de Navare n'en vot riens faire. Ançois dist qu'il s'en adreceroit quant il poroit. Et entra en saisine des fief. Quant li rois le sot si fist semonre ses fiéves et fist aprester perrières et mangoniaux et la grant trebuce d'Aubermarle que li quens de Boulongne avoit fait faire à Monsteruel et li rois fist conduire son ost sour le roi de Navare. Quant la roine vit que li rois s'esmovoit si l'en pesa et manda au roi de Navare que il venist à li, et elle en feroit la pais. Et il y vint sans delai. Et ensi come il entra en la salle à Paris, il fu apparelliés qui le feri d'un froumage enfissiélé ami le visage, par le conselg le conte d'Artois qui onkes ne l'ama. Et li rois s'en ala devant la roine tout enbroijés et li dist ensi l'avoit-on atourne en son conduit. Quant la roine vit çou, si l'en pesa et comenda que cius fust pris qui çou li avoit fait, et qu'on le mesist en castelet; et averoit on conselg qu'on en feroit: Et fu cius pris: et sitost come le quens d'Artois le sot, si le fit délivrer et toutes voies la roine li fist sa pais en téle maniére que il renderoit tous les despens que li rois avoit fait pour celle occasion, et li quiteroit les fiés, et en tint li rois Monsteruel et .III. castiaus tant que il rot tous ses despens.

Puis avint çà après que li quens Pieres Mauclers revela contre la court et dist velenie à la

roine et se parti de court vilainement: et quant
li rois le sot si en fu moult dolans et fist le conte
ajourner à xl jours de faire droit de çou qu'on
li saroit à demander. Li quens dist qu'il n'iroit
ne envoieroit; et envoia le roi deffier par un pries-
tre et ses lettres. Et quand li xl jour furent pas-
set de la semonse, li rois assembla ses os et s'en
ala sour le conte et assist Benligifin et le prist à
force, ne onkes puis ne fu rendus; et quant li
quens vit son damage apparoir, si vint à la mer-
chi le roi, sauf tous les cous le roi et le castiel
pierdu; et vient au piet le roine et lui cria merchi.

Puis avint une pieche après, que li quens de la
Marce qui prendoit les deniers le roi cescun an
trois mile livres de tournois pour garder les mar-
ces deviers Bourdiaus; et li envoioit li rois pour
çou qu'il voloit que il fu ses boins amis ; si avint
que li quens refusa à prendre les deniers le roi.
Et on dist piecha *tant grate Kievre que mal gist*. —
Et envoia querre le roi d'Engleterre et vint à
Bourdiaus et devisèrent qu'il enterroient en Poi-
tou, et quidoient bien que li rois n'eust pooir à
aus: et entrèrent en Poitou et fourfisent sour le roi.
Mais quant li rois le sot, si ne fu pas esbahis, ains lor
ala à l'encontre à Poitiers et issi de Poitiers moult
richement armés: et quida li quens de la Marce
que il deust tourner à Lerinon .i. sien castiel qui

estoit trop fors. Mais li rois ot conselg que il prenderoit ançois les plus faibles et les garniroit. Et puis après feroit tout le pays praer et si garder que vitaille n'i poroit aler de castiel à autre. En si les poroit avoir.—Quant li quens de la Marce vit que li rois ouvroit ensi, si se douta moult, car il vit bien qu'il estoit sages. Si se traist vers Saintes et le fist garnir de chevaliers et de sjergans, puis s'en ala à Pons où li rois Englois se tenoit. Et là parlèrent dou roi qui venoit moult efforchiement sour aus et bien virent que il n'avoient pooir au roi. Et li rois françois ne s'oublia pas, ains prist par force le Cresane .I. castiel le conte, puis vinrent droit devant Saintes. et li quens d'Artois venoit ou premier cief, banière desploié. Et cil dedens issirent fors contre aus à grant fuison de chevalerie et ot ainsi grant poignéis et i ot perdu et gaegniet et d'une part et d'autre. Mais cil devent en orent le piour, car li quens d'Artois se feri en la cité à tout grant chevalerie et fu la cité prise.

Quant li rois d'Engletere sot ces nouvieles si s'en ala à Bourdiaus et fist les nès bien garder car il avoit paour que li rois ne passast outre et au plus tost que il pot il s'en ala en Engletere et se tint pour musart quant il en estoit issus.

Quant li quens de la Marce vit qu'il ot pierdut

Saintes et .IIII. castiaus et que li rois englois li estoit falis, et li sires de Pons falis, et li sires de Taillebourc, et li sires de Mirabiel; si se pensa qu'il avoit mal esploitiet et au plus tost qu'il pot fist pais au roi et vint à sa merchi, sauf les despens au roi et cou qu'il avoit conquesté; car c'est la coutume au roi de France que s'il va en ost sour aucun baron, cou qu'il conquiert par force li demeure propre à tous jours: et convient celui rendre tous les despens avant que il viègne à pais au roi. Ensi atournoit li rois tous ceaus qui contre lui revcloient et fist garnir Saintes et les autres .IIII. castiaus moult bien et s'en revint en France, et n'estoit roiaumes qui contre lui s'osast croller.

CHAPITRE XXVI.

Coment li rois de France ala outremer entre lui et ses frères.

Atant avint une pieche après que li rois fu malades si qu'il quida morir. Et en celle eure se croisa (1) pour aler outre-

(1)... Advint que li roy cheut en une très grant maladie à Paris, et tellement fut au bas, ainsi que lui ouy dire, que une des dames, qui le gardoit en sa maladie, cuidant qu'il fust oultre lui voulut covrir le visage d'un linceul, disant qu'il estoit mort : et de l'autre part du lit, il y eut une autre dame qui ne voulut souffrir que ainsy fust couvert le visaige, et que on le ensepulturast ; mais tousjours disoit que encores avoit-il vie. Et tantost sur le discort d'icelles dames, nostre Seigneur ouvra en luy et luy donna la parolle. Et demanda le bon roy que on lui apportast la croix : ce que fust fait. Et quant la bonne dame sa mère scent qu'il eust recouvert la parolle, elle en eut si grande joie que plus ne pouvoit : mais quant elle le vit croisié, elle fut aussi transsie, comme s'elle l'eust veu mort.
JOINVILLE (pag. 22, *Edit. de Ducange*).

mer et respassa et atourna Savoie, et fist préchier des crois et moult se croisièrent de haut homme; li quens d'Artois, li quens de Poitiers, li quens d'Ango, li quens de Flandres, li quens de Bretaigne, li quens de Droes, li quens de Saint Pol, li quens de Montfort, li quens de Vendosme, li quens de la Marce, messire Gautiers de Castellon Oliviers de Tiermes, messire Raous de Soissons et tant d'autre grans signeur que France en demoura vuide si qu'encore i pert (1). Car une cose fist li rois dont il ne vint nus biens, car il s'accorda au respi de. III. ans que li chevalier requisent au légat qu'il orent respit de payer les dettes que ils devoient as bourgois, et sour çou il s'en alèrent outre mer. Et ensi n'ouvra mie Godefrois de Buillon qui rendi sa ducée à tousjours et i ala purerement dou sien et n'emporta riens del autrui, si esploita moult bien. Et l'iscriture dist que Diex

(1) Aussi se croisièrent Robert, conte d'Artois, Alphonse, conte de Poitiers, Charles, conte d'Anjou, qui fut depuis roy de Sicille, qui tous trois estoient frères du roy : et Hugues, duc de Bourgoigne, Guillaume, conte de Flandres, son frère Guion de Flandres, qui, puis naguère mourut à Compiègne; le vaillant conte Hugues de Saint-Paoul, messire Gaultier, son neveu, lequel moult bien se porta oultremer, et eust moult valu, s'il eust longuement vesqu, etc.

JOINVILLE, *Id.*

ne voet pas iestre siervis de tolte ne de rapine.

Quant li rois ot atourné sa voie, si prist s'eskerpe et son bourdon à Notre-Dame à Paris; et li canta la messe li évesques : et se mut de Notre-Dame entre lui et la roine et ses freres et lor femmes, deschaus et nus piés, et toutes les congrégations et li peules des Paris les convoijèrent jusques à Saint-Denis, en larmes et en plours. Et là prist li rois congiet à aus, et les renvoija à Paris, et plora assés au départir.—Mais la roine sa mère demoura avoec lui et le convoia .iii. jors maleoit gré le roi, et li dist adont : « Bièle très douce mère, par celle foi que vous me devés, retournés desoremais. Je vous lais mes .iii. enfans en garde, Loeys, Phelippe, et Ysabiel : et vous lais à garder le roiaume de France et je sais de fait que il sera bien gardés et bien gouvernés.» Adont li dist la roine en plorant : —« Biaus très dous fius, coment pora li miens cuers endurer la départie de moi et de vous : Ciertes il sera plus durs que pierre se il ne fent en .ii. moitiés, car vous m'avez esté li miudres fius qui onkes fust à mère.» — A ce mot chéi pasmée, et li rois le redrecha et l'enleva et prist congiet à li en plorant. Et la roine se repasme, et fu une grant pièche en pamisons Et quant elle fu revenue si dist : — « Biaus tenres fius, jamais ne vous verai, li cuers

CHAP. XXVI. 199

le me dist bien. » — Et elle dist voir, car elle fu morte avant qu'il revenist (1).

Or vous dirons dou roi qui tant ala par ses journées qu'il vint en Aigue-more, .i. sien port priès de Marcelle, et fu sa navie apparellie et entra ens, et si frere et lor femmes entrèrent ceseuns en le lor et li autre baron ausi et partirent dou port par un mardi matin à .XXXVIII. naves plaine de boines gens et de haus hommes et sans les maisnies et les menues gens et celles as viandes et as chevaus. Et nagièrent tant par la grasse de Dieu qu'il arivèrent en Cypre et prisent port à Limechon, une cité qui est en Cypre (2). Et la fu

(1) « C'est peut-être ici l'occasion de remarquer, » dit l'éditeur du *Romancéro français*, qui cite dans ses notes ce passage de notre auteur, « que nos anciens chroniqueurs vulgaires surpassent de beaucoup les historiens de l'antiquité dans tout ce qui tient à la mise en scène de leurs personnages. Là, rien de préparé; partout un dialogue vrai, touchant et pittoresque. Après un si long temps nous revoyons nos Français tels qu'ils étaient.—Il n'en est pas de même des héros de l'antiquité. Tous leurs discours, leurs moindres mots sont à effet; et jusque dans le bon Plutarque, ils posent devant nous comme le Romulus de David, ou le Cicéron de Voltaire. »

(2) Le roy arriva le jour de Penthecouste au bout d'un tertre, qu'on appelait la pointe de Lymesson.

JOINVILLE.

pries d'un an dont vot li rois que tout rentraissent ès naves. Et fu fait quant il l'ot commandé et envoia à cascuns des signeurs des naves une lettres closes. Et lor commanda que is ne les leusent mie, si fuscent meut du port. Et quant ils furent meut, cescuns brisa sa lettre, et virent que li rois commandoit que tout allassent à Damiette et maintenant comanda cescuns as maroniers que il s'i adreçassent. Et li maronier disent que si feroient il volentiers, et alèrent si droit à Damiette que il vinrent en .x. jours à port, et furent venues toutes les naves en jour et demi et prisent port : mais li pors estoit mal aaisiéz à prendre, car les naves ne pooient aprocier la rive à mains d'une lance.

Quant cil de Damiette l'appierchurent, si coururent as armes et fisent sonner .i. graille et vinrent au rivage et commencièrent à traire sajètes as ars turcois moult menuement, et crestien arriestoient. Et quant li rois vit que crestien arriestoient, si fu tous ausi comme fourcenés et joinst ses piés et saute en l'aighe, tous armés, l'espée el puing, l'escu au col et ot de la mer juskes à la chainture et vint à rives, si que Dieu plot et se mit entre Sarrasin et fist tant d'armes que c'estoit merveilles. Et le regardoit-on de toutes parts pour son bien faire. Et quant Crestijen virent le roi ensi maintenir, si se férirent tout à

t. las en mer et prisent terre et escrijèrent : *Monjoie!* et se férirent entre Sarrasins et tant en cisent qu'on ne pouvoit nombrer et adies issoient es naves crestien.

Quant Sarrasin virent que il ne poroient enduer, si tournèrent les dos et s'enfuirent, et se férirent u Damiette, et closent les portes et crestien se ogièrent et hebregièrent et assisent la cité et fuent ainsi une pièche doutant, et vot li rois que engien giétaissent, et furent dreciès : et giételent en la cité .iii. jours et .iii. nuis, sans cieser et ne fesait-on el castiel nul samblant de defendre. Quant ce virent les gardes de l'ost si vinent au roi et li disent : — « Sire il nous est avis ue il n'ait nului en la cité, car nus n'apert as ortes, ne as murs, ne as cresnaus, ne nuit ne our. Et s'il vous plaisait nous feriesmes drecier schièles as murs pour savoir comment il lor st. » — Li rois respondit que c'estoit boin à faire t fist crier que tout fuscent appresté lendemain our assalir. Et furent drechiés les escieles et nontèrent as murs et entrèrent en la cité sans ontredit : car cil de laiens s'en estoient tout alé ar nuit, fors la vieille gent et la malade. Et uand il furent ens si cierchièrent la vile et le rouvèrent bien garnie de viandes, et vinrent s portes si les ouvrirent. Et furent menées les dames as maistres estages et li rois et li prince demourèrent de fors. Et avint que la roine s'acoucha et se delivra d'ung filg et fu apielés en baptemes Pierres, et ot non Pierres Tristans (1), car il ne targa guaires que Damiette fu rendue par une aventure qui avint au comte d'Artois, si comme vous orez.

Ensi avint que Damiette fu conquise; dont crestijen furent baut et joiant. et vint li quens d'Artois au roi et li dist : « Sire que séjournerons chi ? Si vous me voliés croire, nous chevauceriens entre nous et ceaus du Temple et de l'hospital ; et saciés de voir que la terre est nostre, ne ja ne trouverons qui le nous contredie.» Ciertes, biaus frères, dist li rois, si vous me creiés vous souferriés encore : si aprendriens à connoistre la terre et le pays qui moult est fors à conquerre, et li turc sont sage et boin guerroijer :—Sire, dist li quens d'Artois, «il nous convient passer le flun Jourdain, et se nous aviens passé le flun Jourdain, nous ariens conselg coment nous esploiteriens. — En nom de moi, dist li rois biaus frères, je conoise tant vo hardement et tant redoute vostre corage,

(1) « Le lendemain la reine accoucha d'un fils qu'on nomma Jean Tristan, à cause des circonstances douloureuses dans lesquelles il était né ».

(MICHAUD, *hist. des Croisades*, liv. xv).

que si vous aviés passé le flun Jordain, vous n'i atenderiés ne cauf ne kevelu.—Ha, dist li quens, je vous jure que ji vous atenderai tant que vous serez outre passés. Li rois en prist le sairement et li otria le congiet de passer le flun. Mais s'il seust çou qu'il avint, il ne li eust otriet pour tout l'or del mont.

CHAPITRE XXVII.

Coment li quens d'Artois fu mors ou pris, et Damiette rendue.

En ceste nuit avint que li quens d'Artois fist sa gent armer et templiers et hospitaliers et passèrent le flun. Atant es-vous .I. crestien renoiet, venus au conte qui bien savoit les passages et le pays et dist au conte d'Artois : « Sire se vous me volés croire je vous ferai à nuit gaegner le plus grant trésor del monde qui chi est en une ville qu'on apièle la Marone, où toutes les gens de cest pays l'ont enfoui. «Alons i? dist li quens—ha sires, dist li maistres dou temple, que c'est que vous dites, Pour Dieu merchi, vous ne savez que ce mande. Car quant vous quiderez que Sarrasin soient desconfit, si ne garderez l'eure si en serés tous avironnés. Mais pour dieu, sires, atendés que li rois soit passés, et vous li avés en convent que vous ne vous mouverés si sera passés, et il passera le matin. — Hai hai, dit li quens, voirement se dist on voir; adiès auera en templiers dou poil de l'ours, voire, dist li maistres, qui moult estoit preus et hardis, or chevauciés quelle part que vous vorés et nous vous suivrons. Ne jà ne porés, se dieu plaist, à templier reprouver trayson ne mauvaistiet ; par convent quonkes crestientés ne rechut si grant damage comme elle rechevra hui cest jour, si comme mes cuers le me devine. »

Atant fièrent chevaus des esporons et s'en vont vers Massoure, et entrèrent ens; et lor sambla qu'il n'i eust nului. Mais ciertes si avoit; toutes les rues estoient plaines de sarasins en soliers et en loges, et estoient garnis de grosses pieres et de pius agus et les entrées estoient bien garnies de bares couleices. Et maintenant qu'il furent tout ens, les portes furent fremées et toutes les barres coulées: et commenciérent Sarasins à gieter grosses pieres et pieus agus et versoient par les fenièstres aigue boullant pour Crestiens escauder : et li tans estoit caus et crestien estoient en priesse et estoient si à destroit qu'il n'avoient pooir d'aus deffendre. Et quant Sarasin les virent à tel mescief, si s'enforciérent de plus en plus et tant qu'il les misent à la mort priès que tous (1). Et li rois

(1) Mais si tost que le conte d'Arthois eut passé le fleure,

qui de tout çou ne savoit mot passoit le flun, et quant il fu passés si quida son frère trover si ne le trouva mie. Et lors dist li rois : « Ha ! frère comme je quis que vos orgiols vous grévera encore et fera de mescief ! »

Atant esvous .1. de ceaus qui estoit escapés et vint au roi et li escrie : « Ha, sire, malement est : mors est li quens d'Artois et toute la chevalerie qui o lui estoit et li maistres don temple et cius de l'hospital, et saciés, Sire, que je vous dis voir, car je les vi ocire.» — Quant li rois l'oi ensi parler, si pensa .1. poi, et souspira et dist : « S'il est mors, Diex li face pardon de ses peciés

luy et tous ses gens d'armes, ils virent que les Sarrazins s'enfuyaient devant eulx, ils piquent chevaulx des esperons, et commencent à courre contre les Sarrazins..... Quant les Templiers virent ce, ils se pensèrent estre abontéz et diffamez, s'ils laissaient aller le conte d'Arthois devant eulx. Lors tout d'un accort vont férir des esperons tant qu'ils peurent et suyvivent les Sarrazins fuyant devant eulx tout parmi la ville de la Massoure jusques aux champs par devers Babilone. Quant ils cuydèrent retourner arrière, les Turcs leur lançoient par à travers les rues, qui estoient estroictes, force de trect et d'artillerie. Là, fut tué le conte d'Arthois et le sire de Coucy qu'on appeloit Raoul, et tant d'autres chevaliers jusqu'au nombre de trois cents : et les Templiers, ainsi que le maistre capitaine me dist, perdirent bien quatorze vingts hommes d'armes et de cheval.

JOINVILLE.

« et lui et tous les autres ! » — Atant comanda li rois que li autres et li pavellon fuscent dreciet, si ce reposeroit li os dou flun qu'il avoient passé qu'estoit profonds et rades. Et si tost comme Sarrasin sorent que li rois ot passé le flun, si fisent clore les escluses et fisent tenir le flun et fu si grans en poi d'eure que cius n'i passoit qui ne fust noijés, et li légas dist au roi : « Sire, venés ent à Damiette en ceste galie, si serons à sauveté. » — « Hé Diex ! dist li rois, comment poroit çou avenir que je lairoie chi cel peule que j'ai amenet et m'en iroie à sourté. Ciertes, sire légas, je ne ferai noient, ançois atenderai la marchi diu, et voel faire autel fin comme il feront. » — Quant li le légas vit qu'il ne s'en mouveroit, si se parti de lui et entra en la galie et s'en alla à Damiette. Et li rois demoura et Sarrasin fisent bien garder le rivage que nus vaissiaus ni peut passer, s'à paine non, qu'il ne fuscent ars de feu griois. — Et les avoient si avironés de toutes pars qu'il ne se pouvoient mouvoir, et moult avoient peu à mangier. Ensi forent de la Toussaint jusques au quaresme prendant en tel detrèsse, et lor fali del tout viande ; et tout çou fu par mon Signour Jehan de Biaumont qui deffendi le pas à garder par eau.

Quant li soudans de Babylone vit que li rois

estoit si adulés, si li manda qu'il se rendist à lui et li rois dist : « Ne plaie à Dieu que jà me rende à paien né à Sarrasin. Hé, sire, dist li quens de Poitiers et li quens d'Anjou, pour Dieu si ferez, car vous véez bien que nous n'avons que mangier, ains morons chi de faim et de meschief, et bien pora avenir que nous serons delivré par raënchon. » Tant li prièrent tout cil qui là estoient que li rois rendi s'espée au soudan (1), et li quens de Poitiers, et li quens d'Anjo et tout li autre baron, et fu li rois prisoniers x. jours au soudan de Babylone. N'onques ne fu remués de son siége, mais il estoit bien gardés de Sarrasins, et avint que li soudans le fist raençonner, et fu

(1) La Chronique de Rains a surtout entre les autres chroniques du moyen-âge, un caractère de vérité qui se reflète à chaque page, et dans le langage et dans les actes spontanés des principaux personnages dont elle s'empare. Ici, c'est Louis IX qui refuse de se rendre à *Paiens ne à Sarrasins*, même pour le salut des siens : il lui faut toutes les remontrances de ses principaux officiers, pour se résigner à cette humiliation. Écoutez Joinville, le naïf mais courtisan Joinville :
« Les Turcs demandoient en hostaige la personne du roy.
« Et adec respondit le bon chevalier messire Geffroy de Ser-
« gines que ja n'auroient les Turcs la personne du roy ; et
« qu'il aymoit beaucoup mieulx que les Turcs les eussent
« tous tuez, qu'il leur fust reprouché qu'ils eussent baillé
« leur roy en gaige. »

raijens de .viii.ᵉ mil besans, et le fist bien seur par le temple et par l'ospital.

Quant li soudans de l'escamèle, et li soudans de Damas, et cis de Halape sorent que li soudans de Babylone ot rançounet le roi sans eaus, et sans lor conselg, si vinrent tout armé à son tref et li disent qu'il voloient iestre parchounier à la raenchon le roi. Et li soudans respondi orghelleusement et dist qu'il n'i partiroient jà. Et quant li soudan virent l'orguel de lui, si l'occisent maintenant : Et en alèrent au tref le roi tout enflamé d'ire et d'ardour, et avoient les iols rouges comme carbons. Et vinrent au tref le roi et le fisent dire par .i. latimier que il avoient le soudan de Babilone ocis, et pour çou qu'il ne les laissoit partir à la raenchon. Or voloient iestre en son point et voloient que les convenences fuscent à aus trois. Et li rois respondi maintenant qui bien avoit pierchut lor fourceneric, à lor chière et à lor semblant : Si dist que il le voloit bien, et fu faite la convenance à aus trois : et fu li convens teus qu'il renderoient tous les prisons délivrés sans raenchon. Et li rois lor ot en convent que dedens la quinsaine qu'il seroit venus à Damiette qu'il feroit vuider les crestijens et seroit délivrée as Sarrasin. Et furent rendu li prisonier auçois que li rois se vosist mouvoir, au reis de mon Signeuy

Gautier de Castellon que on ne pot trouver.

Alant se parti li rois des soudans et entra en une nave entre lui et ses frères, et li autre entrèrent tout en plusiours vaissiaus, et vinrent à Damiette, et furent recheu liement et dolentement : liement pour le roi et pour ses frères que on ravoit; et dolantement pour le conte d'Artois qui estoit mors et pour le grant damage que crestien avoient recheut. Lors comanda li rois que tous vuidaissent la ville et s'en alaissent à Acre. Et fist prendre la roine qui gisoit d'enfant et le fist metre en une nave et mener à Acre. Et fut Damiette vuidiée et rendue ès mains des Sarrasins. Et puis ne targa gaires que li soudans le fist toute araser et abattre, pour çou que il avoient sorti que encore une fois le raveroient crestijen : et li rois fu en Acre. Et quant crestijen repairoient de caitivisons tout nu, il les faisoient reviestir selonc çou qu'il estoient. Ensi fu li rois en la tiere de Surie et fist fremer Cesarré et Sajette et Mont Musart et une rue d'Acre qui moult fait de biens à moult de gens. Ensi demora li rois en la terre d'outre mer .VI. ans.

Et avint que la roine sa mère li manda pour Dieu qu'il revenist, car elle estoit moult malade; et se elle moroit, li roiaumes seroit en aventure, car li prince dou roiaume estoient mellé, et elle ne gardoit l'eure qu'elle morust. Quant li rois entendi la parole que sa mère li mandoit, si fu meus en pitié et renvoia le conte d'Ango qui souvent estoit malades.

CHAPITRE XXVIII.

Coment la terre de Flandres et de Haintau fu partie as enfans la contesse.

Adont avint une aventure en France d'un jugement qui fu rendus en la court à Paris, des enfans la comtesse de Flandres, qu'elle avoit eu de mon signeur Boissart (1) d'Avesnes, qui gentius home et vaillans estoit; c'est à savoir Jehan et Bauduin. Et après mon signeur Boussart ot la comtesse à marit mon signeur Guil-

(1) Bouchard d'Avesnes, tuteur de Marguerite, qu'il épousa à l'insu de sa sœur aînée, Jeanne, comtesse de Flandres, et malgré sa qualité de sous-diacre. Le pape Innocent III, sur la plainte de Jeanne, avait excommunié Bouchard et déclaré son mariage nul. Devenue libre par la sentence du pape, Marguerite épousa Guillaume de Dampierre, fils de Gui, sire de Bourbon, dont elle eut plusieurs enfans, entre lesquels s'élevèrent les contestations qui font le sujet de ce chapitre.

laume d'Ampiere, don quel elle ot III. fis : Guillaumes, Guion et Jehan. Et ot discort entr'aus, et se misent en diseurs en la roine de France, et en grans signeur: et fu dit par acort et assentit à Paris, que Jehans qui estoit de mon signeur Boussart tenroit Hainaut, et Baudoins ses frères tenroit autre terre en contre. Et Guillaumes qui fu de mon signeur Guillaume de d'Ampiere, aueroit le contet de Flandres apriès le deicies de sa mère.

Quant Jehans et Bauduins oirent ce jugement si se partirent de court au plus tost quil porent, et vinrent à S....castiel lor mère qui séoit en la marche de Flandres et de Hainau et entrèrent ens et misent fors les garnisons la comtesse et le garnirent bien. Et quant la comtesse le sot si en fu trop dolante et assambla ses os et ala devant le castiel et l'assist. Mais il n'estoit home en l'ost qui li aidast de boin cuer, car il aimoient mius Jehan et Bauduin que li. Quant la comtesse vit qu'ensi estoit, si se partist de l'ost et y laissa cieuvetain, mon signeur Guion de Dampière son filg. Car me sires Guillaumes ses freres estoit mors qui estoit ainsnés: et s'en vint à court à la roine, et li cheï as piés et li dist : « Dame, pour Dieu, merchi ! Jehans et Bauduins, mi filg, m'ont tolut Riplemonde .I. mien castiel, et me béent à desyreter. Dame, si i metés conselg, car je sui vostre feme lige et sui cousine germaine au roi et sui preste et appareillie de croire vostre conselg et de mestre ma terre en vostre main. — Dame, dist la roïne, vous parlerez au conte d'Ango, et je li manderai entresait que il i mette conselg. »

Atant se parti la comtesse de la roïne et trouva le comte à St. Germain en Laïe et li moustra sa besoigne et li proïa pour Dieu qu'il i mesist conselg. Et li quens fist l'ensounijet et respondi molement. Quant la comtesse vit et apierchut son corage, si le proïa de reclef et li dist : « Biaus niés, aidiés moi de bon cuer, et je voel que vostre paine i soit bien sauve, car je vous donrai le contet de Hainau qui bien vaut .xx. m. liv. par an, et voel que vous en soijés maintenant en possession, et vous en donrai mes lettres pendans. » Quant li quens l'oï ensi parler si li esclaira le cuers et dist à la comtesse : « Dame, se vous me tenez çou que vous m'avés dit, je vous rendrai le castiel et vous ferai tenir vostre terre en païs à tousjours mais, » et la comtesse dist que oïl scélées de son seel. Atant se parti la comtesse dou comte, et s'en ala droit à Risplemonde et trouva l'ost si come elle les avoit laissiés et pois i avoit pierdu ne gaegniet.

Or, revenrons à notre matère et dirons dou comte d'Ango qui assambla moult grant ost. Et s'en ala à Risplemonde : mais ançois que il i venist, s'en fu alés Jehans d'Avesnes en Alemaigne, au roi son serourge, et li requist aide. Et li rois respondi que en contre sa mère ne li aideroit il pas, et convint que li castiaus fust rendus au comte d'Ango. Et li quens i laissa sa garnison et vinrent à Valenciennes et il et la comtesse, et trouvèrent les portes fremées et la comtesse manda le majeur et les jurés et lor demanda pourquoi il avoient fremées les portes, et ils respondirent pour droit faisant à coscune partie, et pour le pays qu'il veoient tourbler, et le discorde mouvoir entre li et ses enfans. — « Bien avés fait, dist la comtesse, ouvrés les portes, et je vous jure sour Saint que jou, ne le quens d'Ango ne ferons mal ne grief à ceaus de la ville. »

Et maintenant furent les portes ouviertes et entrèrent ens la comtesse et li quens à tout lor gent. Et mandèrent le prévost et le majeur et les jurés dusques à cent des millours de la ville; et comanda la comtesse qu'il fiscent feauté au comte d'Ango. Quant il oirent çou, si furent tout esbahi, et bien virent que il n'aroient pooir : si fisent feauté au comte, vosiscent ou non. Et fu li quens saisis de Valenciennes et de la fortevèce. Et manda à ceaus de Mons en Hainau que il li vénissent faire feauté, par la lettre la comtesse et par la soie; et cil de Mons li mandèrent que il n'en feroient riens pour lui ne pour la comtesse. Et lendemain li quens fist son ost mouvoir, et s'en ala asseoir Mons, et cil dedens estoient bien hourdé qui poi les prisoient. Et li quens fist gieter pières et mangonniaus jour et nuit. Et tant les destraint qu'il l'ot par force; et puis fist tant qu'il fu saisis de Hainau au rès de Binch, où li feme Jehan gisoit d'enfant et pour çou le laissa et au reis d'Enghien .I. castiel, qui estoit mon signeur Sohier, qui cousins estoit à Jehan d'Avesne, cuis ne vaut au comte obéir ne faire feauté. Quant li quens d'Ango ot saisi Hainau, si i laissa cieuvetain pour garder la terre et s'en revint en France, et trouva sa mère moult malade si come au lit de la mort, et fist son testament. Et laissa moult grant cose pour Dieu, et moru en la foi et en l'estat de ste. Eglise come boine dame et sage qu'elle estoit; et fu portée à Maubuisson s'abbeye, et là fu ensevelie hounerablement.

Desormais vous dirons de Jehan d'Avesnes qui estoit avoec le roi d'Alemaigne son serourge, et li disoit souvent: « Sire, pour Dieu, laisserés vous désyreter vostre serourge et vos neveus qui sont mi enfant, qui doivent iestre hoir après le deciès ma mère. Et vous poez veoir qu'elle la mis en main le comte d'Ango, et en est saisis et en a pris les fianchés ausi que de la soie. Pour Dieu, sire, coment soufrés vous çou. Et d'autre part, çou est de vostre fief et iest entrés sans vostre sçeu et en est meffais envers vous. »

Tant fist le roi entendre d'une et d'autres que il fit somonre tout Alemaigne et vint à ost en Hainau à .vi. liues priés de Valencienes. Et quant li quens d'Ango sot que li roi d'Alemaigne estoit en Hainau, si refist une grant semonse et vint à St. Quentin, et la se tint et attendi sa gent. Et quant il furent venu si ot conselg : et ses consaus li loa que il tenist coi, dusques à tant que il saroit que li rois feroit, et li démonstrèrent boine raison et disent : « Sire, vous iestes saisis de la terre, et il n'a encore riens méffait sour vous. Et d'autre part il a amour entre le roi de France vostre frère et le roi d'Alemaigne. Si ne seroit mie boin que vous comencissiez la mellée, ne brisissiez la loiance. » — A cest conselg s'acordèrent tout et sejournèrent à St. Quentin une grant pièche, puis ne demoura gaires que li rois fist destendre ses trés et s'en rala ensi come il vint, et li quens d'Ango s'en revint en France (1).

(1) *Voy. Math. Paris et Guil. de Nangis.*

CHAPITRE XXIX.

Coment li rois d'Alemaigne fu mors en Frise.

Nous vous dirons dou roi d'Allemaigne (1), qui fu ralés en son pays. Il oï dire que Frize estoit sans signour, et li prist talens d'aler; et assambla son ost et ala en Frise, .1. pays anieus et le vot prendre par force, mais il ne savoit pas bien le tour. Si avint .1. jour qu'il chevauçoit tous armés sour .1. grant cheval et avoit avoec lui poi de sa gent, car il estoit onques seul, et mal aferoit à si grant signour come il estoit que sa gent ne li fust plus priès. Si avint qu'il

(1) Guillaume de Hollande, fils de Florent IV et de Mahaut de Brabant, élu roi des Romains en 1247, empereur d'Allemagne en 1254, tué par les Frisons en 1256, dans les marais de Hoch-Wende, où son cheval s'était embourbé, ainsi que le rapporte notre Chronique.

vit outre .I. grant fossé, un fout de paysans armés à la guise dou pays. Et li rois par son grant hardement féri chevaus des esperons et quida passer outre le fosset, mais ce ne peut iestre, car li fossés estoit trop larges, et il estoit pesantment armés, si sali emi le fosset et affondra li chevaus et brai jusques al ventre, et par la grant force de lui et dou cheval se touwella-il ens, en tel manière qu'il estoit avis as paysans qu'il fust anglués. Et li sien ne li porent aidier. Quant li paysant virent qu'il estoit en lor nasse, si alèrent celle part et le sacièrent deviers aus à graus de fler, et l'ocisent, dont ce fu damages.

CHAPITRE XXX.

Si come li rois de France repint d'outre-mer.

Ai vous lairons ester dou roi d'Alemaigne et dirons del roi de France qui outre mer estoit ; nouvièles li vinrent des maistres de court que sa mère estoit morte. Si vist bien que besoins estoit que il s'en revenist en France Et fist apparellier ses naves et entra en mer : et s'en vint par la grasse de Dieu sans destourbier, atout .III. enfans que il ot en la tère de Surie, et arriva à Aiguemore : et erra tant par ses journées qu'il vint en France, et fu recheus come sires à grant hounour.

Chi vous lairons .I. poi ester dou roi ; si vous dirons dou conte d'Ango qui manda au signeur d'Aighien qu'il li venist faire homage. Et il li manda que ja homage ne li feroit. Et li quens assambla qu'onkes il pot avoir de gens et par homage et par deniers et fu avoec lui li archevesques Thumas de Rains (1), qui le siervoit à son pooir. Car il en quida tel cose estraire dont il li failli : et on dist piècha : *Biaus semblans, fait musart liet*. Et s'en ala devant Ainghien et l'assist, et bien avoit pooir dou prendre et espéranche. Mais li sires d'Ainghien pourcacha tant pour .1. sien ami, qu'il mist Ainghien en la main le roi. Et li rois remanda au conte d'Ango que il s'en revenist sans targier et faire li couvint, puis que li rois le vot : et s'en revint arière tous dolans.

Or vous dirons après de Jehan d'Avesnes qui estoit si dolans que à poi qu'il n'enragoit tous vis pour çou que il avoit fali à son proupos et dou roi d'Alemaigne qui mors estoit, qui estoit ses serourges, si come vous avez oï. Et de l'amour sa

(1) Thomas de Beaumets, archevêque de Reims, parent d'Henri de Braine, dont il fut le successeur médiat. C'est contre lui, qu'en 1258, les échevins de Reims plaidèrent en présence de Saint-Louis. Thomas se plaignait de diverses usurpations de ceux-ci, tendant à le dépouiller d'une partie de ses droits et de sa juridiction : le royal arbitre rendit une sentence en tous points favorable à l'archevêque. Aussi nous étonnerons-nous, en passant, que ce sujet de l'histoire de Reims ait été choisi dernièrement par un jeune peintre Rémois, de grand talent, mais qui, il nous semble, pouvait trouver dans les annales si variées de sa ville, un fait plus glorieux pour elle.

mère, où il avoit fali, et de la contet dou Haynau dont il estoit hors à tous jours, ce li sauloit. Et il et si hoir dont il li estoit plus que de toutes les autres coses; et estoit sans terre, povres et au desous et sans espérance de recouvrer jamais. Et avint que maladie li prist et moult fu grant pièche en langour. Et en la par fin moru à Valenciennes, à grant honneur et à grant signourie si come il afferoit à tel home come il estoit (1). Quant Bauduins vit que ses frères fu mors, si pensa qu'il crerroit sa mère et vint à li et li chéi as piés et cria merchi! Et la comtesse respondit : « Bauduin, Bauduin, à qu'ele eure venés ? En nom Dieu trop a cousté, et a tart conissez vostre folie ! — Ha biele mère, pour Dieu merchi ! Ce ne faisois je mie, ains le faisoit mes frères : si voel des ore mais obéir à tous vos comandemens. » Quant sa mère le vit si humiliés, si fu meute en pitiet, car elle estoit mère. Et tous li chevalier et les dames qui illuec estoient s'agenouillièrent devant li à ses piés et li crièrent merchi pour son filg. Et la comtesse li pardouna ; et fu tous sires de court (2).

(1) Jean Davesnes, mort en 1254.

(2) A Gant se trouva peu après en 1254, Baudouyn d'Avesnes, lequel merveilleusement desplaisant des facheries et desplaisirs que jusqu'alors il avoit donné à la bonne com-

Or revenrons au conte d'Augo qui tenoit le contei de Haynau et sambla au roi son frère que il ne le tenoit pas raisonablement; car il estoit entrés ens sans le gret au signeur de qui on le tenoit. Et taxa on les despens à .c. mil lib. de tournois à reprendre dedens .v. ans eu la tère de Haynau. Et la contesse refu saisie de sa terre.

Chi vous lairons ester de la contesse de Flandres qui assés ot paine et travail en sa vie. Si vous dirons de l'empereur Bauduin de Constantinoble, qui fu fius le conte Pieron d'Aucerre. Et fu envoiés en Constantinoble, et fu sacrés et enoins à empeour. Et fu mariés à la fille le roi Jehan d'Acre que il ot de la serour le roi d'Espaigne : et estoit nièche la roine Blanche. Et fu baus le rois Jehans pour la jouenèche de lui, tant come il ves-

tesse sa mère, estoit illec venu pour luy en demander pardon, lequel luy fut assez legièrement accordé, moyennant la promesse touttefois qu'il fit, d'estre mieux advisé pour l'advenir, ensemble de procurer quelque bonne paix et accord d'entre ladite contesse et le susdit Guillaume, rey des Romains mesme de nourrir et entretenir en bonne amitié et affection Jean d'Avesnes, fils de Jean, son neveu vers la maison de Flandre, pour autant que par la mort de Jean, son frère, qui estoit trespassé audict en LIV, il estoit devenu tuteur d'icelny Jean son neveu.

(*Chroniques et Annales de Flandres*, p. 189. *Anvers*, 1571, in-4°).

qui : mais il estoit de grant eage et moru come preudom et boins crestijens, et fu ensevelis devant le maistre autel Sainte Soufie. Et l'empereres Bauduins estoit jouènes et enfantius ; si despendi largement et ne prist pas garde à son afaire et fu povres et endettés et n'ot que donner as chevaliers ne as siergans ; si s'empartirent de lui une grande partie, et s'en ralèrent en lor pays. Et quant li empereres vit qu'ensi estoit, si ot conselg qu'il venroit en France al apostole qui estoit à Lions, et à la roïne qui estoit tante sa mère, et requerroit aide al apostole et à la roïne; Et monta sour mer au plustost qu'il pot et au plus coiement pour Watache qui le querroloit et moult le tenoit court et trop désiroit à avoir la saisine de Constantinoble et l'empire. Et s'en vint à Marselle, et descendi à la Roche et chemina tant que il vint à Lions, où il trouva le Pape et li monstra sa nécessité : Et li apostoles en fu trop meus et li douna .xxx. ans le disme as clers et en vint à la roïne qui volentiers le vit, et li dist son essonne. Et la roïne dist que volentiers i meteroit conselg et le retint une grant pieche avoec li et le trouva enfantiu en ses paroles. Si li desplot moult : car à empire tenir convient moult sage home et vighereus. — « Dame, dist l'emperes, il me convient déniers, car je ne puis pas tenir l'empire sans grande coustenghe, si me convient vendre le comtei de Namur qui me vient de naiscance de mon yretage. — En nom Dieu, dist la roine, je ne voel pas que vous le vendés. — Dame, et que ferai-jou dont ? — Par ma foi, dist la roine, je vous presterai xx. m. lib. à reprendre sour les recoites de la comtet, et ensi sera sauvée à vous et as vos hoirs, en tèle manière que vous me jurrés sour Sains, que dedens le mois que vous serez repairiés en Constantinoble, vous m'envoierés l'empereise, car je le désire moult à veoir. — Ciertes, dist cius, qui ne se set garder, « Volentiers. » Et li jura; et la roine li délivra xx. m. lib. et prist congiet à li, et au plus tost qu'il pot s'en rala en Constantinoble. Et sociés de voir que il n'avoit que songies. Et quant il fu revenus si dist al empereite : « Dame, la roine m'a presté xx. m. lib. sour le comtei de Namur, en tèle manière qu'il me convint jurer que je vous envoieroie à li dedens le mois que je seroie revenus. — Sire, dist la roine, qui i désiroit à aler, vous l'en tenrés bien convent, et sauverés vostre sairement se Dieu plaist. » — Lors fist l'empereres apereillier une naves armées, et fist mettre dedens çou que mestiers fu, et fist entrer l'ompeiriere dedens et chevaliers et arbalestriers; et le comanda à Dieu : à tele enrequ'onkes puis ne le vit. Et en alèrent costiant terre

15

et nagant tant qu'il vinrent à port de Salu.

Atant furent apparelliés chevauceures bièles et rices et errèrent tant par lor journées qu'il vinrent à Pontoise. Quant la roine le vit, si li fu très grant joie et demoura avoec li, tant come elle vesqui. Et quant la roine moru, si rendi al emperière le contei de Namur, et en refu en possession. Et en prist les homages des francs homes et le féauté des bourgois; et le tint jusqu'à .I. jour que mauvaise renoumée couru des fius des bourgois de Namur de grant lignage. Si en ot plainte des moijènes gens de la vile. Et fist mander les pères à ceaus qui en estoient oquoisouné. Si lor comanda qu'il castiascent lor enfans, en tèle manière que mais n'en oist mauvais redaim : et se il ne le faisoient, il convenroit qu'elle i mesist conselg. — Et li bourgois disent : « Dame, vous dites bien et nous dirons à nos enfans qu'il se tiègnent en pais; et se il ne le volent faire, si en faites çou que Diex vous ensègne, et que vos consaus vous aportera. »

Atant s'en partirent li bourgois et comandèrent à lor enfans que il se castiascent et laissaicent lor folie. Et il ne firent noient; ançois furent piour que il n'avoient esté devant. Or vous dirai que il faisoient : il aloient en la tavièrne il .x. ou il .xi. et despendoient .xx. et ou .xxx. ou plus ou moins, et mandoient à .I. prudhome de petit lignage de

CHAP. XXX.

la vile, auques riche, que il paiast lor despens. Aucuns i avoit qui les paioient de paour, et aucuns qui ne les voloient paijer. Celui batoient et faisoient vilounie et toloient le sien à force.—Quant l'emperière oï ces plaintes, si en fu moult courreciés et comanda à un sien bailliu qui estoit, boins chevaliers, que il les prisist et mésist en tel liu où il ne peuscent faire mal. Et tant que li bailliers les fist gaitier : et sot où il aloient. Et il i ala folement et mal garnis et les quida prendre. Mais il se deffendirent vigheureusement et ocisent le bailliu, et puis se destournèrent et misent à sauveté. Quant l'emperière le sot, priés quelle ne pierdi le sens, et dist : « Voirement, sai-jou sans amis, en estrange contrée ! »—Et fist lendemain semonre devant li la comune de Namur, et vinrent pardevant li. Et elle lor demanda la mort de seu bailliu, et les mourdreours qui mourdri l'avoient. Li bourgois respondirent que de la mort le bailli lor pesoit et qu'il n'en estoient pas coupable. Et bien vouloient que cil qui avoient fait ce cas fuiscent puni.— « En nom Dieu, dist l'emperière, ensi n'ira il pas. Vous les mes rendrés et en sera cascuns de vous à ma volenté de cors et d'avoir.—Ha dame, coment pouroit çou iestre que cius compera le fait qui coupes ni ara ! Ciertes, dame, droit nel aportés mie, et se Dieu plaist, ce ne sera ja so fiert.—»

15.

CHAPITRE XXXI.

Coument Namur fu mise en la main le conte de Lussembourc.

Atant se partirent li bourgois de la court l'emperière sauf çou qu'il soffroient bien à droit. Et li emperière dist que ja n'en seroit dis autres drois que sa volentés. Ensi demourèrent les coses une pièce. Et l'emperière faisoit prendre douleur. Si orent li bourgois conselg qu'il envoieroient au roi pour savoir s'il i voroit mettre conselg. Et elleurent .iiii. des plus sages d'eaus et les envoijèrent au roi. Et cil monstrèrent la besoigne et la desraison que lor dame lor faisoit. — «Pour Dieu, sire, disent ils, à ce metés consel! — Ciertes, dist Pieres des Fontaines, je vous dirai que vous ferés et quel conselg vous en devés avoir. Vous en irez arière et prendra cascuns bourgois de Namur une hart et le loiera entour son col, puis irés devant l'empereis et dirés:

— Dame, vécs chi vos mourdreours, faites en çou quil vous plaist. » — Quant li bourgois oirent çou, si furent tout esbahi et li rois les regarda, si les vit tous muet. — Me sires Piere, dist li rois, vous ne parlez mie bien ne par conselg : que li bourgois s'en revoisent à lor dame et facent pais, si feront que sage. — Sire, dient li bourgois, « qui désiroient l'aler, vous dites bien. » — Et se partirent de court, comme cil qui puis ni orent talent de revenir et vinrent à Namur et contèrent çou qu'il avoient trouvé. — « Par fois dient li autre là n'a point de resort. Il nous convient querre avoé. — En non Dieu, dient li uns d'eaus, j'ai entendu des anciens bourgois que la contés de Namur doit iestre mon signeur Henri de Lussembourc et que on l'en fait tort. Si loeroie en boine foi que on l'envoiast querre : se li faisisciens tout feauté et il nous. Et saciés qu'il la fera volentiers car c'est là riens mont qu'il plus désire. »

A cel conselg s'acordèrent tout, et fu envoijés querre : et il i vint sans délai : et li fisent feauté et il aus. Et s'en rala en son pays et empreunta deniers et assembla grant gent. Et quant l'empeirière sot que il avoient fait homage à mon signour Henri si fist garnir le castiel et mist kieuvetain ens, preudome et sage. Et me sires Henris vint à Namur à tout son ost, et li bourgois le rechurent volentiers et li misent à abandon cor et avoir et ville. Et il tint son siège enki et hourda si bien le bourc que nus ne pot el castiel entrer ne issir. Ensi tint le siege grant pièche. Et l'empeirière pourcacha à la contesse de Flandres de qui elle tenoit Namur, et à ses amis. Et assembla une grant ost où il ot moult de chevaliers et de grans signours. Si i fu li quens de Dreux, li quens de Monfort, li quens de Joigny, mésire Erars de Valeri pour les Campegnois et la contesse pour sa partie : et fist cievetain de Bauduin d'Avesnes son filg, dont il ne vint nus biens. et aprocièrent Namur à .iiii. liues et lendemain i vinrent. Et commanda l'empeirière qu'on assesist le bourc. Et assalirent Flamenc et Haynuier fainticement. Car me sires Bauduin d'Avesnes deportoit mon signeur Henri de quanques il pooit. Et plus i pierdirent ses gens qu'il ni gaegnièrent. Dont pourcacha me sire Bauduins d'Avesnes une trieves à .xl. jours. En tel manière qu'on ne meteroit ne porteroit riens el castiel dedans les trives.

Quant li Flamenc virent la besoigne et le déport de Bauduin d'Avesnes, si s'acordèrent entraus qu'il s'en retourneroient arrière et maintenant furent apparelliet, et s'ecrièrent : helpe, helpe! et se férirent en le queue des Campegnois parmi les harnois le conte de Joigny et li fisent grant damage de harnois, d'armeures et de chevaus et plus n'en fu fait. Ensi se départi li os assés vilainement pour l'ocoison des Flamens. Et me sires Henris tint son siège qui onkes ne se mut, et destraignoit ferment ceaus dou castiel et fu devant .I. an et plus. Et quant li cieuvetains dou castiel vit qu'il n'aueroit nul secours et que viandes li apetiçoient et sa garnisons moroit de maladie, si fu à grant mésaise de cuer, car il savoit bien que mésire Henris le haoit ferment. — Atant es vous .I. chevalier que hurte à la porte: et on vint as creniaus. Et li demanda on que il voloit. Et il dist que me sires Henris voloit parler au kievetain. Li messages li ala dire et il respondi qu'il i parleroit volentiers; et vint à poijer au mur. Quant me sire Henris le vit, si li dist: « Cieuvetains vous me faites peine et damage; et bien saciés que vous n'auerés jamais aide ne secours. Et saciés de veoir que je ne me mouverai jamais de chi tant come je vive, si auerai le castiel. Et saciés que se je vous prenc par force, que je ne vous en sarai gré. Et se vous ore le me rendés, je vous pardonnerai mon mantalant. Et si véesbien que vous n'i aurés des oremais point de honte. — Sire, dit le kieuvetain, je me consellerai et dedens .xv. jours le vous lairai savoir. » Et me sires Henris li otria.

— Adont envoia li kieuvetains à l'emperèire et li

manda coment il li estoit ; et elle li remanda qu'elle ne pooit plus faire. Et au cief de la quinsaine, li cieuvetains rendi le castiel à mon signeur Henri, sauve sa vie, Et mesires Henris i entra et le tint puis ce di.

CHAPITRE XXXII.

Coment li rois Loeys rendi Normandie au roi d'Engletere.

Nui lairons ester de Namur qui gist en mauvais costet : si dirons dou roi Loeys le preudome qui adont regnoit. Sa conscienche le reprist de la terre de Normandie que li rois Phelippes avoit conquis sour le mauvais rois Jehan d'Engletière, qui fu pères au roi Henri : ja fusce que li rois Phelippes le tenist par le jugement des pères de France, et en fu rois Jehans semons par ses pers. Mais aucuns gens disoient : pour çou que se il défali à la cour le roi son signeur, n'avoit il pas fourfait terre à pierdre. Car il n'avoit fet enviers le roi nul fait criminel. Si disoient que li rois de France pooit saisir par raison la terre au roi Jehan pour sa defauté, et prendre les issues : mais se li rois Jehans ou si hoir voisiscent venir au roi et requerre saisine de sa terre parmi faisant droit, et voisist amender les defautés par le jugement des pers, il le deust ravoir. — Et pour ceste raison et pour autre, fist li rois pais au roi d'Engletére et boine acorde. Et vinrent en France li rois et sa feme et ses fius, et furent à Paris entour la St. Martin, l'an de grasse Nostre Signeur M. CC. LIX. Et furent ordoné par boine paix que li rois d'Engleterre aroit et tenroit perpetuelment et si hoir la conté de Cahors, et la contet de *Pieregot*. Et le ducée d'Aginois qui contienent .VI. cités. Et de çou li fist li rois d'Engletere homage à Paris en sa maison voiant tout le peule. Et quita boinement toute la droiture que i avoit ne avoir pooit, et tout le remanant de la contet. Et de çou li douna il sa carité roial. Et li rois françois li douna .CC. mil. lib. pour port et despendre en la terre d'outr mer dont il estoit croisiés. Et fu li convens teus que li rois Englois le devoit venir siervir .II. fois l'an à sen frait et .XL. jours à la requeste le roi de France : et que li quens de Poitiers seroit quités del houmage que il devoit de la terre que il tenoit de ces .III. contéis. Ensi furent apaisiés li doi roi, et furent fait boin ami : Et la coscience le roi de France fu apaisié. Et bien saciés en verité, qui est sans coscience qu'il vit come bieste. Et on dist piècha :

cui conscience ne reprent, plus tost au mal qu'au bien entent (1).

Atant s'en partirent li rois d'Engleterre et la roine et lor fius dou roi de France son serourge, qui moult les avoit houneres par sa terre, et s'en ralèrent en Engleterre : mais il laissièrent le roi et la roine tous dolans pour Loeys lor aisnet filg qui mors estoit sour leage de .XVI. ans et avoit isté mervelles sages et grassieus; et en menoient

(1) « Puis après le bon roy Saint-Loys pourchassa tant qu'il fist venir à lui en France le roy d'Angleterre, sa femme et leurs enfans, pour faire paix et accord entr'eulx. A laquelle paix faite estoient très contraires les gens de son conseil et lui disoient : — Sire, nous sommes grandement esmerveillez comment vous voulez consentir à bailler et lesser au roy d'Angleterre si grant partie de vostre terre que vous et vos prédécesseurs avez acquises sur lui, et par ses meffaits. Dont il nous semble que n'en soiez pas bien advertis et que gré ne grace ne vous en sauront-ils. » — A cela le roy leur repondist qu'il savoit bien que le roy d'Angleterre et son prédécesseur avoient justement et à bon droit perdu les terres qu'il tenoit : et qu'il ne entendoit leur rendre aucune chose à quoy il fust tenu le faire. Mais le faisoit-il seulement pour amour, paix et union avoir, nourrir et entretenir entr'eulx et leurs enfans qui sont cousins germains. Et disoit le roy : « Je pense, fait-il, que en ce faisant je feray moult bone œuvre. Car en premier lieu je feray et conquerray paix, et en après, je le feray mon homme de foy, qu'il n'est pas encores. Car il n'est point encores entré en mon hommage. » (JOINVILLE. *Hist. de St-Loys*).

tel duel que nus ne les pooit apaisier (1). Et estoit la roine ençainote d'enfant, près de là gésir. Ensi come li rois menoit son duel de son enfant qu'il avoit moult amé, atant ès vous l'archevesques Rigaut qui le vint veoir et conforter et moult le disoit de boins mot del escriture et de la patienche de Job: et li conta .i. example d'une masenghe qui fu prise par un masenghier, au gardin d'un paysant. Quant li paysans le tint, si li dist qu'il le mangeroit. « Hé! dist li masenghe, se tu me mangoies, tu ne seroies gaires saoulés de mi, car je suis une petite cose. Mais se tu me voloies laissier aler, je t'oprenderoie .III. sens qui t'aueoient grant mestier, se tu les voloies à œuvre mettre. — Parfoi, dist le paysan, et je te lairai aler. Et lasqua le main, et la masenghe saut sour une brance, et fu mervelles lie de çou qu'elle fut escapée. — « Or, dist-elle au paysan, je t'aprenderai ces .III. sens, se tu voes. — Oïl, dist-il, voir. — Or, escoute, dist la masenghe, je te di que çou

(1) La joie du roi fut bien troublée par la mort du prince Louis, son fils aîné, qui mourut à l'âge de 16 ans, un des derniers jours de cette année. C'était un jeune prince bien fait, de grande espérance, que le roi avait déjà beaucoup formé, pour s'en faire un digne successeur. Il devait épouser dans quelques mois l'infante de Castille, suivant un traité qui en avait été fait quatre ans auparavant.

(DANIEL. *Hist. de France.* an 1259.)

que tu tiens en tes mains, ne giètes à tes piés : Et que ce ne croies pas, quankes tu os : Et que tu ne maines duel de çou que tu ne pues recouvrer.—Quest-ce, dist li vilains, me diras tu eil : Par le cuer beu ! se je te tenoie tu ne m'escaperoies huimais. — En non de moi, dist la masenghe, tu aueroies droit, car jou ai en ma teste une pière ausi grosse com uns œf de geline, qui bien vaut cent mars. »— Quant le paysan l'oi, si de torst ses puis et deschira ses cheviaux et demena le plus grand duel dou monde. Et la masenghe respondi en riant : Sos, vilains, mauvaisement as entendu et mis à œuvre les trois sens que je t'avoie dit : Saches que tu ies de tous .iii. décheus. Tu me tenoies en tes mains et tu me gietas à tes piés quant tu me laissas aler; et m'as creu de çou que je t'ai fait, entendant que jou avoie en ma tieste une pière précieuse qui estoit ausi grosse come uns œf : et si maines tel duel de moi que que tu ne rauras jamais; car je me garderai mius que je ne me suis gardée. »— Atant bati ses eiles et s'en vola. Et laissa le paysant son duel.—« Si-
» re, dist li archevesques, vous vées bien que vous
» ne poés recouvrer à vostre filg. Et bien devés
» croire qu'il est en paradis. Si vous devés con-
» forter. »— Li rois vit que li archevesques disoit voir, si se conforta et oublia auques de son duel.

CHAPITRE XXXIII.

Coyment li archevesques pierdi la garde de Saint Remi à Rains.

ous dirons del archevesques Thumas de Rains qui tout convoitoit. Et on dist el proverbe : *Qui tout convoite tout piert.* Il avoit eu la garde de saint Remi de Rains de lonc tans; il et si ancissour, et les menoient trop malement et les raenchounoient. Et ot bien li archevesques, si que on dist, .III. mil liv. del abbé Ghilebiert. Et voloit prendre tout à fuer quankes sains Remis avoit vaillant. Mais on dit piécha que *la sour-some abat l'asne.* Et avint que li abbés et li convens ne porent plus endurer. Et prisent garde à lor priviléges se par aventure trouveroient avaines coses qui lor euscent mestier. Si trouvèrent les chartres de .VI. rois de France qui disoient que li église de St. Remi et li castiaus estoient des aumosnes as rois, et l'avoit cescuns rois renouvelé par sa carité jusques au roi Phelippe qui en ala outre mer, et le comanda à garder al archevesques Guillaume-blanche-main, son oncle. Et puis l'orent tenu li archevesques de Rains en garde par la nicheté des abbés jusques au tans l'archevesques Thumas. — Et quand li abbé et li couvens virent qu'ensi estoit, si alèrent au Roi et li proijèrent pour Dieu qu'il mésist conselg al église St. Remi dont il estoit sires et roi. Et estoit fondés de ses ancissours et bien en estoient privilegiet de .vi. rois. Les chartres furent luetes et monstrées devant le conselg et dist li rois qu'il i entenderoit volentiers. Et fu li archevesques semons et ajournés devant lui contre l'abbé et le couvent de St. Remi. Li archevesques contremanda une fie et autre et tierce, et tous ses contremans; et délaia bien .i. an, quankes ne respondi.

A la parfin li archevesques fu semons et li jours fu assignés ciertains que il fust. Et quand li archevesques vit qu'il ne pooit guénoir, si li convint aler. Li abbés et li procureur dou couvent furent présent. Et dist li rois al abbé et au couvent : « En qui garde iestes-vous, ou en la moie, ou en l'archevesques? » Li abbés respondi et dist : — « Sires, nous soumes en vostre garde et devons iestre et bien en soumes chartret et privilégijet : —

Lors dit li rois : « Sire abbés, ralés vous-en. Li plais n'est mie à vous, ains est à moi : Et se li archevesques voet dire cose qui li puist valoir, si le die; et nous l'en ferons volentiers droit en nostre court. »—Quant li archevesques vit qu'il ne pot escaper, si prist .1. jour à dire ses raisons, et quand vint au jour, si contremanda .1. jour de déport, et à celui jour vint, et voletiers prescit encore jour s'il le puest avoir. mais il ne pot. Et quand respondre le convint si demanda la monstrance des coses que li rois clamoit. Et fu li jours assignés à faire la monstrance : et monstra à la gent de l'archevesques l'église saint Remi et le castiel et des villes saint Remi jusques à .xxiiii. Et lor dist qu'encore lor en monstreroit se il voloient, et il disent qu'il s'en tenoient bien paijet a tant. Lors fu li jours assignés devant le Roi pour dire droit as parties tous les erremens à cescuns. Et fu li archevesques présent a tout, quankil pot avoir de conselg. Lors se leva maistre Vilains de Pierone et dist : « Sire archevesques volés oīr droit li quels doit avoir la garde saint Remi ou vous ou li Rois. » — Li archevesques respondi et dist : « oil. » Lors regarda mesire Vilains tout le prociés, tus qu'en la fin, et dist : « par droit et par jugement des maistres, que li rois avoit la garde St. Remi et del sien, et avoir le doit par les privilèges de ses ancissours et par le recounissance de vous, Sire archevesques : car vous baillates à .1. jour qui passés est vostre lettre pendant à madame la roine, et parole ensi : »

« Thumas, par la grasse de Dieu, archevesques de Rains, à tous ceaus qui ces présentes lettres veront et oront, salus en nostre signeur : sacent tout que jou, Thumas archevesques de Rains, recounois que je tieng en conmendement de mon signeur le roi de France, la garde de St. Remi de Rains, et reconnois que je ne le tieng fors tant comme lui plaira » (1).

(1) Cette charte n'est point une invention de notre auteur : M. Varin, secrétaire du comité de l'Histoire de France, qui prépare en ce moment-ci une importante publication sur l'histoire de Reims, en a retrouvé l'original aux archives du royaume : il a bien voulu nous en communiquer la copie.

Lettres de Thomas par lesquelles il déclare que encore que il ait pris la garde de l'abbaye de St-Remy, le siège d'icelle lors vacant, il n'entend par là déroger au droit qui peut appartenir au Roi :

Thomas Dei gratia Remensis archiepiscopus universis præsentes litteras inspecturis, salutem in domino. Notum facimus, quod nos custodimus abbatiam Sti-Remigii Remensis nunc vacantem et bona ejusdem, salvo jure domini regis, si quod habet ibidem : volentes et concedentes quod per hoc nullum domino regi prejudicium generetur. Datum Parisiis anno Dni M. CC. L°. IV°. mense maio.

Quant li archevesques oï la lettre lire, si li chei le nés et fu li plus esbahis homme del monde et il et tout li sien. Lors se leva et s'alla consellier, et dist à sen conselg : « Biel signor, que porai-jou dire? Par foi ; je serai hounis si ensi demeure, et arai pierdu ma cité; car tout mi bourgois iront manoir à St. Remi.—En non Dieu, sire, dist uns de son conselg, vous dirés que vous ne volés pas que cis jugement soit estaulés, pour çou qu'il n'est pas fait ne rendus par vos pères. »—Et tout li autre dou conselg si accordèrent. Et li archevesques vint devant le roi et li conta Pieres Halos sa parole, et dist ensi : « Par foi, sire, li archevesques est pers de France, et doit iestre jugé par ses pères. Cis jugement n'est pas fais par ses pers : si ne voet pas qu'il li soit griès. »—Et Pières de Fontaines respondit :—« On vous en dira droit, se vous volés, se il doit valoir ou non. » — Li archevesques dist que bien le voloit, et se traist arrière. Et li maistre se traisent ariére et disent que li jugemens estoit boins et resnaulés ; car li querièle dont li jugement estoit fais, n'estoit pas del empire; et pour çou, convenoit qu'il fust tenus. — Atant se parti li archevesques de Rains de court, sans congiet prendre et se mist en sa cambre et i fu .II. jours qu'onkes n'en issi. Et puis s'en vint à Rains et requist as evesques de sa provinse qui li aidaïscent envers le roi : Et il disent que contre lui n'iroient il mie, ne il ne tenoient mie que on li fesist tort (1).

Or vous dirons del abbé qui demoura à court et requist au roi qu'il envoiast garde à saint Remi pour la tere et l'église garde. Li rois respondi qu'il en aroit conselg et qu'il atendis juskes à septembre au parlement. Lors s'en vint li abbés à Rains : Et quant li archevesques le sot, si le fist tenpter et moult de manières par coi il relaissast çou qu'il avoit entrepris. Mais il ne pot à cief venir ; ains en ala au parlement et requist la garde au roi ; et li rois li bailla et il s'en revint à saint Remi baus et liés ; et ot conselg boin et loial qui li dist :

(1) Joinville mentionne d'une manière assez plaisante ces débats de l'archevêque de Reims et des clercs de Saint-Remy qui prirent Saint-Louis pour arbitre.

« A l'autre parlement qui vint après, prièrent tous les Prélaz au roy que il venist parler à eulz tout seul. Quant il revint de parler aus prélas, il vint à nous qui l'attendions en la chambre au plaitz et nous dit en riant le tourment qu'il avoit aus Prélaz, dont le premier fu tel que l'Arcevesque de Reims avoit dit au Roy : » Sire, que me ferez-vous de la garde Saint-Remy de Reims que vous me tollez ? Car je ne vouroie avoir un tel péchié comme vous avez, pour le royaume de France! — Par les Sains de céans, fist le Roy. si feriés pour Compiègne, par la convoitise qui est en vous, or en y a un parjure.» (JOINVILLE, *Hist. de St.-Loys;* Variantes).

16.

« Sire, vous iestes hors de la main l'archevesques quant à laie justice ; vous n'avés riens fait se vous n'iestes hors de sa crestienté. Si vous convient tant faire al apostole et as ses freres que vous soijés assols et vostre terre. Et pour Dieu, travailliés i, si ferés que sages, et vous en avés ja boin avantage. Et si auerés la proijére le roi qui moult vous vorra, et bien avés pooir de desiervir à court ; et la cours prendera volentiers, et vous, soijés larges de douner : car ja ne sarés tant douner que assés ne vous demeure ; et bien saciés de voir que li doi millour avocat de la court par qui vous exploiterés plus tost de vostre besoigne aciever, cest ors et argens. Si faites que vous les aijés de vostre conselg et je vous afie que vostre besoigne sera faite ».

A cel conselg s'acorda li abbés et li couvens et se pourvei de çou qu'il estoit mestiers et ala priveement parler au roi et li dist ensi. — Et li rois li carga sa lettre de proijére et d'acroire, s'il en avoit mestiers. Et quant li archevesques le sot, si fu à mesaise de cuer, et proia à tous ceaus que il avoit avancés et qui si ami devoient iestre cescun por lui, qu'il alaissent pour lui à Rome contre l'abbé qui le voloit désyreter. Mais il ne i ot un qui .i. mot respondit, fors seulement uns qui dist : « Sire je voi bien coment il est : Je sui ap-

CHAP. XXXIII.

parelliés de faire vostre volenté de çou que je porai faire. » Et li archevesques l'en merchia et li fist livrer qu'ankes mestiers li fu, et s'en ala à Rome et i demoura grant pièche (1).

(1) Toute cette histoire de la garde de Saint-Remy, dont aucun des historiens de Reims ne fait mention, est pourtant textuellement vraie. M. Varin, dans le travail dont nous venons de dire quelques mots, publie toutes les pièces du procès qu'il a retrouvées tant aux archives du royaume, que dans les archives de la ville de Reims. — L'affaire ne fut point terminée sous Thomas de Beaumetz, comme semblerait le faire croire notre chroniqueur : plus tard, Jean de Courtenay, successeur de Thomas, requit une nouvelle information : voici une pièce du plus haut intérêt que nous avons traduite du texte latin (que M. Varin se réserve de publier), et qui reproduit la plupart des incidents dont il est question dans le récit de notre chroniqueur. Cette pièce si intéressante pour l'histoire, puisqu'elle justifie un fait que nul auteur ne rapporte, si ce n'est l'auteur de la *Chronique de Rains*, est extraite des anciennes archives de l'abbaye de Saint-Remy, archives déposées, depuis la révolution, dans les greniers de la préfecture de la Marne, et qu'avec l'autorisation de M. le ministre de l'Instruction publique, nous avons pu dernièrement faire réintégrer aux archives de la ville de Reims.—Voici ce document :

« Cy sont les raisons de Jean, archevêque de Reims, par quoi il a demandé et demande la custode ou garde de l'église de Saint-Remi de Reims lui être délivrée et le sergent être ôté que Monseigneur le Roy y a placé.

Le fait est tel : Sire Roy, en l'an de N. S. MIILXIII, le jour de Pâques après dîner, la paix ayant été faite par vous entre les citoyens de Reims, d'une part, et Dam Thomas de bonne mémoire, alors Archevêque de Reims d'autre part, vous dites audit Archevêque que la garde de Saint-Remi de Reims estoit votre.

L'Archevêque dit : sire Roi, votre gent, quand vous étiez ès parties d'outre mer, m'a inquiété sur cette garde et par leur enquête faite sur la garde et rendue pour moi, il a paru que cette garde m'appartient et m'a appartenu et votre gent me renvoyèrent en paix pour le fait de cette garde.

Item, après votre retour des parties d'outre mer, la première fois que vous fûtes à Reims, les moines de Saint-Remi vous dirent de nouveau que la dite garde vous appartenoit : c'est pourquoi l'Archevêque ayant été appelé dans leur Abbaye, omis les raisons et les privilèges des moines, et les réponses de l'Archevêque, vous avez assigné jour à l'Archevêque au Parlement suivant, pour le fait de ladite garde.

Dans ce parlement, omis les raisons de l'Archevêque et les raisons et privilèges des moines, délibération ayant eu lieu avec votre conseil et autres bonnes gens, vous dites ainsi : « Je ne vois pas de raisons ou de causes pourquoi ladite garde ne doive rester à l'Archevêque : c'est pourquoi ledit jour de Pâques ledit Thomas supplia que vous, sire Roi, pour Dieu ! renvoyâtes en paix ledit Archevêques pour le fait de ladite garde. A quoi sire Roi vous avez répondu ainsi : Dam Archevêque, à vous reste la possession de la garde de Saint-Remi, par décisions précédentes (per præmissa) et la propriété de ladite garde ne peut que vous appartenir (nihilominus). C'est pourquoi nous vous ajournons par devers nous sur la question de ladite propriété de ladite garde au tiers jour après les octaves de la Pentecoste ».

Et alors rien n'ayant été dit sur le fait de cette garde, l'archevêque fut réajourné comme auparavant, au jour suivant la fête de Toussaint.

Auquel jour, dam Julien, pour vous, Sire roi, et en votre nom et de votre commandement réclama dudit Archevêque la garde pour quatre raisons: que moi Jean Archevêque suis prêt à exprimer et déclarer : Et sur cet appel, le même Thomas eut jour de conseil à l'octave (*odenam*) de la Purification de la Ste Vierge.

Et ce jour ledit Thomas comparant, demanda jour pour la vue ou l'ostension des lieux dont vous, Sire roi, demandez la garde : et on lui donna jour en mars, après la Pâque suivante.

Cependant avant que ladite vue ou ostension fût accordée à l'Archevêque, Dam Julien fit pour le Roi un nouveau cri en ces termes : « Sire Archevêque, l'Abbé et les moines disent au sire Roi que sa gent, lui étant aux parties d'outremer, vous ont livré à garder la possession de la garde de Saint-Remi ; et ce sans plaids et sans aucun moyen de droit ou de plaids. Et de ce y a-t-il des lettres de vous. Pourquoi Monseigneur le Roi demande que sans plaids vous lui restituiez la possession de ladite garde : Ainsi que, sans plaids et sans autres moyens, elle vous fut auparavant remise entre les mains ».

A quoi répondit l'Archevêque que pour ce second appel il n'étoit pas ajourné, et jamais n'avoit été ajourné. Et pour cela, il n'a pas voulu et n'étoit pas tenu, si comme il disoit, de répondre sur ce second appel.

Pourquoi, sire Roi, vous avez ajourné ledit Archevêque au parlement suivant, c'est à savoir à la troisième férie après la Pentecoste que suivant ladite quinzaine de la Purification, aux fins de la demande que vous entendiez faire contre l'Archevêque sur ladite garde et le dépôt précédent. Et vous avez assigné ledit Archevêque audit jour de mars pour répondre sur la première demande formée sur la propriété de ladite garde contre ledit Archevêque, sauf la montre qui cependant devoit être faite : c'est-à-dire au mardi après Pâques précédent la Pentecoste.

Et ainsi ledit Archevêque, par la volonté du Roi, fut ajourné audit jour de mardi après la Pentecoste sur la première demande qui concernoit la propriété de la garde et pour la seconde qui concernoit la possession de ladite garde.

Auquel jour rien ne s'étant fait pour certaines raisons, mais l'Archevêque ayant été réajourné au parlement suivant, c'est-à-dire aux octaves de la Nativité de la Ste Vierge, et lui ayant comparu, Dam Julien, pour vous sire Roi, poursuivant la seconde demande, demanda et insista pour que l'Archevêque vous rendît la saisine de ladite garde déposée comme il disoit entre les mains dudit Archevêque, assurant que sur ce point vous aviez, sire Roi, les lettres de l'Archevêque, d'ailleurs ne demandant ni poursuivant en aucune manière que l'Archevêque répondît sur la première question pour laquelle l'Archevêque avoit jour de conseil et jour de montre : Et non-seulement ne demandant pas que l'Archevêque répondît sur la première demande mais il ne l'auroit pu quand même il l'eût voulu, la raison du droit s'y opposant, parce qu'en disant que la possession de ladite garde, comme dépôt, avoit été commise à l'Archevêque pour le Roi et par la gent du Roi et en son nom, il avouoit, et ledit Julien l'affirmoit, que la possession de ladite garde étoit au Roi et non à l'Archevêque.

Et si dam Julien avoit voulu pour ce qui est de la seconde demande, dire à l'Archevêque qu'il répondît, on ne devoit pas l'écouter comme contraire à lui-même ; parce que ledit Julien disoit que par le fait du dépôt la possession et la propriété de ladite garde appartenoit également au Roi ; parce que suivant le droit nous retenons la possession et la propriété de la chose déposée. Et aux termes de la première demande touchant la propriété de la garde, le Roi expressément et de sa propre bouche auroit confessé que la possession de ladite garde appartenoit à l'Archevêque : Et cela est confirmé par l'interprétation du droit : Parce qu'en faisant former la première demande sur la propriété de la garde contre ledit Archevêque, il a confessé que ledit Archevêque étoit en possession de ladite garde.

Et pour cela l'Archevêque ayant eu conseil de gens de droit et de votre court, voyant qu'il ne couroit aucun danger à ne pas répondre sur la première demande, pour laquelle il avoit été ajourné, puisqu'on ne l'interrogeoit pas, mais seulement qu'on lui demandoit de répondre sur la seconde demande formée pour le cas du dépôt, ne répondit pas à la première demande, mais sur la seconde il parla ainsi :

« Sire Roi, suivant le mode de demande contre moi formé, je demande d'être jugé et traité par mes pers, parce qu'il s'agit contre moi d'une grande partie de ma baronie et pairie, à savoir de la garde de Saint-Remi et que les termes de l'appel fait contre moi sur la question du dépôt touche à l'honneur de ma personne ; attendu que si dans une affaire telle que celle du dépôt, je peux devenir infâme, je dois avoir mes pairs ; et je demande que cette cause qui touche à mon honneur soit traitée et jugée par eux : surtout quand elle concerne une grande partie de ma baronie et pairie. »

A quoi vous, Sire Roi, après délibération, avez répondu par Mᵉ Pierre de Fontaines à l'Archevêque, qu'il n'auroit pas ses pers et que l'Archevêque après avoir pris conseil répondit autrement.

Et comme l'Archevêque eut sur ce délibéré les sages (*sapientes*) lui dirent qu'il demandât le jugement par ses pairs sur ladite cause qui touchoit à son honneur et grande partie de sa baronie. Et consultant en outre les sages, il s'enquit si le Roi ne voulant pas lui accorder les pairs s'il devoit répondre devant les maîtres sans pairs.—Les (sages) docteurs dirent : que dam Julien avoit seulement demandé qu'il fût répondu sur la seconde demande faite pour le cas du dépôt pour laquelle l'Archevêque n'avoit encore jour ni de conseil ni de montre et que l'affaire n'avoit pas encore été plaidée. Ainsi l'Archevêque, les pairs lui ayant été refusés et ne répondant plus sur la seconde demande, fit défaut : C'est pourquoi vous, sire Roi, avez reçu en vos mains la garde de Saint-Remi et vous y mîtes votre sergent.

Pourquoi supplie et requiert Jean, maintenant Archevêque, qu'il est prêt à purger ledit défaut de son prédécesseur et à établir, conclure juridiquement, que vous délivriez ladite garde et que vous ôtiez votre sergent placé à Saint-Remi pour cause de la garde : et que vous, pour Dieu, Sire, ni quelqu'un de votre conseil n'ayez égard aux paroles dudit Dam Pierre, prononcées en jugement, quand vous reçûtes ladite garde en votre main. Car il dit que l'Archevêque avoit eu jour de conseil et jour de montre : cela étoit vrai, quant à la première demande sur la propriété, mais non pas quant à la seconde pour laquelle il s'agissoit du dépôt de la possession.

Item, qu'il ne se soit pas agi de la première demande et que l'on n'ait pas procédé sur ce fait, cela est bien apparent, car s'il avoit été condamné sur ce point, il n'auroit pas été témoigné infâme, mais bien quant au fait de la seconde, et c'est pourquoi il ne voulut répondre dans la seconde sinon à ses Pairs : mais s'il avoit été requis dans la première il eût bien répondu sans Pairs, parce que s'il avoit été condamné dans celle-ci, il n'eût pas été déclaré infâme.

Item, par une autre raison il eût répondu sur la première demande s'il en avoit été requis, parce que en faisant défaut il eût perdu la possession, selon l'usage de la court, tandis que pour le fait de cette première pétition il auroit obtenu et jour de conseil et jour de montre.

Item, Sire, le délit de la personne et d'un particulier, ne retombe ni ne doit retomber au détriment de l'église, c'est pourquoi ledit Thomas Archevêque avoit également eu jour de montre et de conseil, sur la première et sur la seconde demande, et qu'ensuite il eût manqué en défaillant ou en ne répondant pas, pour cela l'église de Reims après la mort dudit Thomas ne doit pas perdre le droit qu'elle avoit sur ladite garde avant que ledit Thomas n'eût (délinqué) manqué en défaillant ou en ne répondant pas au jour dit.

Pourquoi, je Jehan, maintenant Archevêque, supplie et requiert pour mon église de Reims que vous me délivriez ladite garde : que vous ôtiez ledit sergent de Saint-Remi et je suis prêt à ester en droit, à amender le défaut de mon prédécesseur et de ces défauts donner bonne caution.

GLOSSAIRE.

A

Abit. *Abis* : habillement, costume, habit.

Accoisie. D'*accoiser, acoiser, accoyer, achoiser, achoisier, aquoisir* : adoucir, apaiser, calmer, reposer, éteindre. De *quiescere*.

Adies. Jusque-là, jusqu'à ce jour. *Ad diem*.

Adis. *Adiés* : égarés, perdus. *Adiratus*.

Adolé. Triste, affligé. *Dolendus*.

Afférist. Importait, était nécessaire ; *afferir* : d'*afférer* ; *aforer* : être sortable, convenir, être à propos ou nécessaire. D'*afferre*.

Affieres. Affirmerez. D'*affirmare*.

Affermés. Affirmé. De *affirmare*.

Afondrer. Plonger, enfoncer dans l'eau, absorber, couler à fond.

Agait. Subtilité, piége, embûches. Du verbe *agaiter Acuerre*.

Ahanoit. De *ahener, anhanner* : semer, herser, labourer. De *ahanare*.

Aharneskiés. Enharnaché, du verbe *ahernechier*, mettre les harnois, parer, orner.

Ahontés. *Ahontez, ahonté* : déshonoré, rendu honteux. Du verbe ahonter.

Aigue. *Aygue, egue* : eau. De *aqua*.

Aigue Mobb. Aigues-morte (eau morte), ville de Provence.

Aiuwe. *Aiude, aiuve* : aide, secours. De *adjutorium*.

Alès. A côté, auprès. De *latus*.

Aleure. Train, pas, *grant aleure* : grand train. De *ambulare*.

Aloia. *Alia, allaya, aloiia* : lier, joindre, allier, unir. De *alligare*.

Ambes. Avec, l'un et l'autre. De *ambo*.

Ame. *M'ame*, mon âme.

Amender. Réparer, faire satisfaction, réformer, profiter, améliorer. De *emendare*.

Amèrent. De *amor, aamer, ainmer, ameir* : aimer, chérir. De *amare*.

Amervelliés. D'*ammerveiller, emmerveiller, amerveiller* : émerveiller, extasier. De *mirabilitus*.

Amecriscoit. Amoindrissoit, diminuoit, maigrissoit. De *minuere*.

Amont. Au haut, au faîte, *en amont* en montant, *ad montem* : *en aval* en descendant.

Ançois. *Ainçois, ainchois, ançoye* : volontiers, aussitôt, mais, cependant, au contraire.

Andoi. *Andoux* : tous deux, l'un et l'autre. De *ambo*.

Anglués. Embourbé, englué, attaché avec de la glue.

Anoia. De *anoier, anneir, annier* : ennuyer, souffrir, être impatient, faire de la peine. De *nocere*.

Aniaux. *Annicaux* : bagues, au singulier *aniax*. De *anus, annulus*.

Anieus. *Anieux* : ennuyeux, incommode, fâcheux. De *anxius*.

Aor. *Ador, alor, à l'heure* : alors, à cette heure, maintenant. De *ad horam*.

Apaie. De *apaier, apaer, apiier* : payer, satisfaire, contenter, faire la paix : De *pacere*, ou *pangere*.

Apensés. *Apenser, appenser* : penser, réfléchir, examiner.

Apeticié. *Apeticoient*, du verbe *apetiser, apeticher, apeticier*; amoindrir, diminuer, abréger.

Apostole. *Apostel, apôtre* : le pape. De *apostolus*.

Appareilliet. Appareillé, disposé, de *appareillier, appareilher* : préparer, accommoder, disposer, orner. De *apparare*.

Aprendriens. *Pour* apprendrions. Du verbe *apprendre*.

Apriessés. De *apressiér, aprieser, appresser* : accabler, oppresser, presser, poursuivre.

Aquisent. De acquérir. *Acquirere*.

Araines. Trompette d'airain. D'*æramen*.

Arciér. *Archier, airchier, arhier* : arbalestier, archer. De *arcator, arcuarius*.

Archidiakene. Archidiacre.

Ardoir. *Arder, ardrer, ardre* : brûler, consumer, incendier. De *ardere*.

Arguoient. D'arguer, disputer, reprocher, accuser, démontrer, éclairer. De *arguere*.

Ariens. *Pour* aurions. Du verbe avoir.

Aroit. *Pour* auroit. Du verbe avoir.

Arrènt. Marcher en tous sens, naviguer en arrière. De *retro* et *ire*.

Ars. *Arsé, arsciz, arsis, art, arté* : brûlé, enflammé, incendié. De *arsus*.

As. Aux, adj.

Assaiiet. *Assailliez*, de *assalir, azalir* : assaillir, assiéger, attaquer, poursuivre.

ASSERISA. De *asserisier* : calmer, adoucir, tranquilliser.

ASSEUR. De *asseurer* : certain, assuré.

ASSIR. *Asseir, asseoir, asseor* : assiéger, asseoir, et se reposer. De *assidere*.

ASSEROIT. Assoierait, poserait. Ib.

ASSIS. Choisi, déterminé. De *asseoir*.

ASSOAIGIÉS. De *assouager, assoager, assoaigier, assuagier* : soulager, adoucir, consoler, apaiser, calmer.

ASTINENCHE. Abstinence.

ATANT. *A tant* : alors, après, en attendant, en ce moment, puis.

ATINSCENT. Pour *atteignent* ou atteignirent. Du verbe atteindre.

ATOURNET. *Atourné* : décidé, résolu, paré, orné, arrangé. atourner, atourner. Du verbe *adornare*.

ATOUT. *A tout* : avec, avec tout cela.

ATRAIRE. Attraire, attirer, exciter, préparer. De *attrahere*.

AUS. *Auls, aux, auz* : eux, elles, a, il, avec. *Eis, ad*.

AUTEL. *Auteil, autelle, autex* : pareil, semblable. *Ad talis*.

AUWES. *Awes* : brebis, bestiaux. De *ovis*.

AVAL. *Avau, avaz* : en descendant, au bas, en bas. *Ad vallem*.

AVEROIT. *Auroit*. Le verbe avoir.

AVEULES. *Avule, awgle*. Aveugle.

AVEULISSONS. *Aveulir, aweullir* : aveugler, rendre aveugle.

AVIRONNANT. Environnant, de *avironer* : environner, entourer, envelopper.

AVOÉ. Avoué. De *advocatus*.

B.

BACELER. *Bacheler, bachelor* : bachelier, étudiant, gentilhomme non encore chevalier, jeune homme, mineur. De *baccalarius*.

BACHIN. *Bachin* : bassin, casserole. De *baccinum*.

BAILLERS. Voyez *baus*.

BAILLIR. *Baillir, bailler* : donner, prêter. De *bajulare*.

BARETERES. *Bareteur, bareteresse,* etc : trompeur, fripon, voleur. De *veterator*.

BARGE. *Barje* : barque, esquif, chaloupe. De *barca*.

BATELLERESSES. Féminin de *batelleur, bataillers, bataillières* : batailleur, vaillant, guerrier, combattant.

BAUS. Bailli, baillif, intendant, gouverneur, gardien. De *balivus* ou *bajulus*.

BESOIGNEUS. *Besoigné* : besoingneux, pauvre.

BERBIE. Campagne rase, unie, plaine, prairie.

BEUBANCHE. Vanité, arrogance, orgueil ; *beuban* : dur, orgueilleux, fier, hautain.

BLECIÉS. Blessé, atteint, frappé.

BLOKIEL. *Bloqueau* : bloc, billot.

BOULENGHIER. *Boulens* : boulanger. De *bolengarius*.

BOIN. Bon, doux, clément.

BOULE. *Boule* : tromperie, astuce ; *boulères, bouleur, boulières* : rusé, fin, trompeur.

BOURDE. Fausseté, tromperie, mensonge.

BRACHIER. Remuer, agiter, prendre entre les bras, brasser un complot, une affaire.

BRANCE. *Brancée* : branche. De *brachium*.

BRAORL. *Broch, broke* : broche, fourche, pieu. De *broca*.

BROÇANT. Brochant, de brocher, avancer, être à la fin, piquer un cheval.

Bruis. Bruissement, bruit, murmure.

Buisines. *Busine, buccine* : trompette, clairon. De *buccina*.

Buverage. *Buveraige* : boisson, breuvage.

C.

Caastet. *Caastée* : chasteté. De *castitas*.

Caignon. *Caignole* : chaînon. De *catena*.

Caitif. *Caiptif, caitieu, chaitif, quaitif* : captif, prisonnier, malheureux. De *captivus*.

Caitivison. *Caitivaison, caitiveté* : peine, tourment, captivité. De *captivitas*.

Cambre. Chambre. De *camera*.

Canchon. *Cançon* : chanson, cantique. De *canticum*.

Cange. Change, échange. De *cambiare*.

Capièle. *Capelle*, chapelle : bénéfice simple. De *capella*.

Capitle. *Capitèle* : chapitre, lieu où s'assemblaient les moines.

Capléis. *Caple, chaple, chapléis* : combat, bataille, carnage, tuerie. De *capulatio*.

Capons. Chapon, volaille.

Carbons. *Carboun* : charbon. De *carbo*.

Carètes. *Carette* : charrette, voiture. De *carettaria*.

Carga. Du verbe *carger, cargier* : charger. De *cargare*.

Carpentier. Charpentier, menuisier.

Castiascent. Du verbe *castier*, châtier, corriger. De *castigare*.

Castiaus. *Castiel, castel, chastiau* : château, forteresse.

Casure. Chasuble, habit sacerdotal. De *casubla*.

Caucast. Voy. *Caucier*.

Caucier. *Caucer, caucher* : chausser. De *calceare*.

Cauf. *Kauw* : chauve. De *calvus*.

CAUF. *Chaux, calx* : chaud. De *calidus*.

CEAUS. *Céaux, cilz* : ceux, celles.

CELÉEMENT. Secrètement, en cachette. De *celatim*.

CEMBIAUS. *Cembel, cembiaus* : assemblée, joute, tournoi, combat.

CENDAL. *Cendau, cendaus, sandal* : sorte d'étoffe ou de camelot.

CESCUN. Chacun.

CEUS. Celui ; *teus*, tel.

CHAINGLE. *Changle* : ceinture, sangle. De *cingulum*.

CHANS. Champs. De *campus*.

CHAR. *Cher* : chair, viande. De *caro*.

CHARTRET. *Chartré* : qui a une charte. Du verbe *chartrer*, accorder une charte, un privilége.

CHEVAUCEUR. *Chevauchier, chevauckeur* : cavalier, écuyer.

CHI. Ici ; *chi entour* : entour d'ici.

CIEF. Chef, tête.

CIERE. *Chière, chére* : face, visage, mine, accueil, réception.

CIES. *Ciez* : chefs, têtes.

COIEMENT. Tranquillement, sans bruit. De *quietè*.

CLOKETE, *Cloquette, clocette* : clochette, petite cloche, sonnette.

CLOPIANT. Du verbe *clopier, clopper, clopiner, clocher* : boiter, marcher en boitant.

COMPERA. De *compérer, comperrer* : acheter, mériter, punir, payer, comparer, s'égaler, changer. De *comparare*.

CONFIÉS. *Confez* : confessé, avoué. De *confessus*.

CONJOÏRENT. De *conjoier, conjoir, conjoyer* : se réjouir ensemble, se fêter, bien recevoir. De *cum-gaudere*.

CONROI. *Conroit, conroy, coroi* : détour, troupe, compagnie, provision, suite, ordre.

17.

Consaus. Conseillers, jurisconsuls, officiers-consultants.

Consuit. Du verbe *consuir, consuivre, consuivir* : poursuivre, atteindre, obtenir. De *consequi*.

Contrediriez. Contraindrez. Du verbe contraindre.

Cose. Chose, cause. De *causa*.

Costiaut. *Costiau* : coteau, côte.

Costière. Côte maritime.

Çou. Ce, ceci, cela.

Coucié. Couché. Du verbe *coucier* : coucher.

Coulon. *Coulom, couloumb, colomb* : pigeon, colombe. De *columbus*.

Coupe. Faute, délit. De *culpa*.

Coureciet. *Courroucé*. Du verbe *courecier, coursier* : courroucer, mettre en courroux.

Couvertoirs. *Couvertoir, couventure, couvertoire* : couverture. De *coopertum*.

Coustenche. *Coustage, coustange, coust* : valeur, achat, prix, frais. De *constare*.

Coute. *Coudée* : matelas, couverture, coussin.

Coutiel. *Costel, cultel* : couteau. De *cultellus*.

Couvertement. *Couvertement* : couvert, caché, dérobé.

Couvine. *Covigne, covine* : pratique, conduite, intrigue, dispute.

Cremus. Du verbe *cremer, cremir, cremoir, criendre* : craindre, redouter. De *tremere*.

Creus. *Crueus, cruex, cruculx* : cruel, impitoyable, sanguinaire. De *cruentus*.

Croisiet. *Croisié*. Du verbe sè croiser, prendre la croix.

Crolla. *Croula*. Du verbe *croller* : crouler, ébouler, tomber en ruines.

Crupes. Croupe de cheval, groupe.

Cuer. Cœur. De *cor*.

Cui. A qui, de qui, que, quoi.

Cure. Soin, peine. De *cura*.

D.

Daeraine. Derrain, derraine, derrenier, derrenière : dernier, dernière.

Daumike. *Daumique* : dalmatique, vêtement de prêtre. De *dalmatica*.

Décollassé. *St-Jehan décollassé* : St-Jean le décollé, St.-Jean-Baptiste.

Défauté. Relâchement, défaut d'ordre, déloyauté.

Defiable. Portant défi, appel, préjudice.

Delitoit. *Délicter* : se plaire, se réjouir. De *delectare*.

Desçaindre. Délier, dénouer. De *discingere*.

Deschaus. *Deschaulx* : déchaussé. De *calceus*.

Desci. D'ici à ; *desci à dont* : d'ici jusques....

Descort. Discord, discorde, débat.

Dementiers (en). Cependant, dans ces entrefaites. *Interea*.

Deseure. *Descur* : sur, dessus, par-dessus. *Super, supra*.

Desloyés. *Desloié, deslié* : délié, disloquer, désapprouver. De *dislaudere*.

Démorissièmes. Pour *demeurions*. Du verbe *demorir* : demeurer.

Désime. Dixième.

Despendre. Dépandre, dépenser, prodiguer.

Despondit. De *despondre* : expliquer, exposer. De *despondere*.

Desroi. *Desrois, desroy* : désastre, infortune, désordre.

Destaka. Pour *destacha* : détacher.

Destourbèrent. De *destourber, destorber, destourbier* : troubler, changer, égarer, détourner. De *disturbare*.

Destourbier. Empêchement. De *disturbium*.

Destrois. *Destreins* : oppressé, triste, abattu. De *destrictus*.

Destrois. Embarras, difficulté, peine, ennui.

Desyreté. De *desyreter* : déshériter.

Di. Jour. De *dies*.

Diestre. Droite. De *destra*.

Doultant. p. 201. Lisez : *dou tant*, pour du temps.

Druchemant. *Drogeman, droguement, drogman* : interprète, truchement.

Duel. *Doel, dueil* : deuil, ennui, chagrin. De *dolere*.

Dui. Deux. *Dui tant que il ne sont* : deux fois autant qu'ils sont. p. 25.

E.

Eile. Aile. De *ala*.

El. De, le, la, elle, lui.

Embaustemés. Embaumé.

Emervellé. *S'émervella* : émerveillé, s'émerveiller.

Emi. *Emmi* : parmi, au milieu.

Emperière. Impératrice.

Enarmer. *Enamerer* : rendre amer.

Enamer. *Enamourer* : aimer tendrement.

Enbroiés. *Enboiés, enboés, d'enbroijer* : s'enfoncer dans la boue.

Enconvent. De *enconvenir, enconvenancer* : promettre, être d'accord.

Enfisielé. De *enficieler, enfoisseler* : mettre un fromage dans sa fissièle, son moule.

Enforciement. Fortification, adv. en redoublant de force.

Enherbé. D'*enherber* : empoisonner. De *inherbare*.

Enki. *Enkeis* : là, ici. De *hic*.

Ens. Dedans, intérieurement. De *intus*.

Enscient. *Esciant* : avis, sens. *Sciens*.

GLOSSAIRE.

Ensounijet. *Ensoigné* : qui est dans le soin, l'embarras.

Ensoumieté. *Ensonieté, ensonnié* : embarrassé, être occupé, troublé.

Ent. En.

Enteciés. *Entechié* : sali, entaché.

Enteson. Apprêt des armes. De *enteser* : prendre, préparer. *Intendere.*

Entresait. *Entretant* : pendant ce temps. De *interea.*

Envilla. Eveilla. De *enveller* : éveiller.

Erragoit. De *erragier* : enrager, être furieux, arracher de force.

Errant. Sur le champ, très vite.

Errantement. *Errament* : promptement, grand train.

Esbannoier. *Esbaneir, esbanoyer* : s'amuser, se récréer.

Escargaitier. *Escargaiter* : guetter, écouter, être au guet.

Escaperoit. Pour *eschaperoit* : d'échapper.

Escauder. *Eschauder.* Echauder, chauffer.

Eschei. Echut. *Eskeus.* Echu.

Escillier. Ravager, détruire, arracher.

Esciéle. Echelle, partie d'armée, bataillon.

Esclairiet. *Esclairié* : éclairé, expliqué.

Esclavine. Robe, manteau de pélerin ; espèce de dard, javelot.

Escluser. Faire une écluse. De *excludere.*

Escarda. Regarda.

Eskerpe. Echarpe, ceinture de pélerin.

Esleus. Elu, choisi, député.

Esmerés. Précieux.

Esmurent (s'). S'émurent, se mirent en mouvement.

Espoenter. Epouvanter, effrayer.

Espourons. *Esporons.* Eperons.

Esbaument. *Esrament* : vite, promptement.
Essone. Droit d'aubaine.
Essoine. *Essoygne* : excuse, raison.
Estable. Stable, constant.
Estour. *Estor* : combat, choc, mêlée.
Estuet. *Estut* : il faut, il convient. De *stetit*.
Estainfort. *Estaim* : étain.
Ester. Etre, subsister, exister, comparoître.
Estraigne. Etrange, étrangère. —Casaque, sorte de vêtement.
Estraire. Descendre, sortir, être issu, extraire.
Estranla. *Estrangla*. Étrangler.
Estrelin. *Estellin* : monnaie, poids, valeur : monnaie blanche au titre de huit deniers de fin, apportée en France par les anglais. Elle était ainsi nommée à cause d'une étoile qui y était représentée. *Stelinus* de *stella*.
Estrumens. Instrument, barque, navire, instruction.
Eveskies. Evêché : *eveske-compain*: Coadjuteur.

F.

Fuison. Foison, abondance. De *fusio*.
Fuers. Excepté, hormis.
Fuer. Prix, taux, estimation. De *forum*.
Fuer. *Fuerre* : étui, fourreau d'épée.
Foursenner. Extravaguer, être hors du sens.
Fourrer. *Fossoyer* : creuser, piller. De *foderc*.
Fouafist. *Forfit*. Du verbe forfaire.
Fourcerenie. *Forcenerie* : folie, fureur, extravagance.
Forment. Grandement, beaucoup. De *fortiter*.
Flun. *Flan* : eau, fleuve.
Flume. *Fleume, fleum* : rivière, fleuve. De *flumen*.
Fléaus. *Flayau, floyel* : fléau, barre de fer. De *flagellum*.

GLOSSAIRE.

Fierete. Fierté, vanité.

Fiere. *Fier, fiers* : je frappe ; *fierent* : ils frappent. Du verbe férir.

Fier. Fer, métal.

Fier. Fâcheux, cruel. De *Ferus*.

Fie. Fois.

Fianche. *Fiance* : confiance.

Fevereth. Février.

Fines. Fini, achevé. De *finitus*.

Fine. Foi. De *fides*.

Feus. Méchant, cruel. De *ferus*.

Fesistes. Pour *fistes*. Du verbe faire.

Férir. Frapper, porter. *Se férirent, se portèrent.*

Felenesces. *Felonesse* : perfide, méchante, cruelle.

Fel. *Féel, féal* : fidèle, ami.

Fel. *Falon, felon, for* : méchant, faux, cruel, inhumain.

Féiable. *Féable, féal, féaux. Vous iestes tout mi home et mi féiable* : vous êtes tous mes hommes et mes gens de confiance, de fidélité.

Feauté. Fidélité.

Fautre. Feutre, chapeau. De *filtrum*.

Fanon. *Phanon* : étendard, bannière.

Fallant. *Manquant ; fali* : manqué.

Fachions. Fassions. Du verbe faire.

G.

Gaegnage. Gain, profit.

Gaites. *Gayte, guait, gait* : sentinelle, corps de garde.

Gaitier. Gâter, corrompre.

Galie. *Galiot* : petit vaisseau, barque.

Gentius. Gentil ; *gentius hom* : gentilhomme.

Gheagniet. Pour *gaigné.* Du verbe *ghaegnier, gaignier* : gagner, mériter.

Giet. Saillie, jet, action de jeter.

Giétours. *Jetteurs* : archers.

Glatissent. De *glatir,* aboyer.

Goïr. *Gouir* : jouir, réjouir. De *jocari.*

Graille. *Graele, gresle* : mince, menu, délié.

Graille. Grille, corneille, corbeau.

Graos. Grave, lourd, fort, rude. De *gravis.*

Grigneur. *Greigneur* : plus grand, considérable.

Guennelon. Nom propre. *Ganelon* : le traître Ganelon, chevalier félon dont il est question dans les romans de chevalerie.

Guerredonner. Récompenser.

Guerroijer. *Guerroyeur* : guerrier, homme de guerre.

H.

Haitiés. *Haitis* : sain, gai, joyeux. De *hilaris.*

Hanap. *Hanas, hennap* : vase, coupe, tasse, ciboire.

Haoient. De *haoïr* : haïr ; *s'entr'haoient* : s'entr'haïssoient.

Hardement. Hardiment, avec courage, hardiesse.

Helphe. Exclamation pour exciter ; *helphe !* en avant !

Hiébergea. *Herbergiea.* Du verbe *héberger.*

Hourdés. Fourré, garni, défendu, palissadé. Du verbe *hourder*, fortifier.

Huimais. *Huimés* : à cette heure, maintenant. *Hodie.*

Huis. *Hus* : porte, entrée. *Ostium.*

Hurte-Heurte. Exclamation. De *heurter,* frapper ; *hurteis, hurtis* : heurtement.

Hostin. Bruit, clameur, hostilité. De *hostilitas.*

I.

Illuec. *Illèque, iluec, iloec*: là, en cet endroit, lui, lui-même, celui-ci. De *illic, ille.*

Iols. Œil, yeux.

Inire. De *irier, iréer* : mettre en colère, fâcher. De *irasci.*

Iscriture. *Escriture, escripture* : écriture. De *scriptura.*

Isnelement. Promptement, vivement. De *igniter.*

Issi. De *issir, isser, essir* : sortir, se retirer, partir. De *exire.*

Issues. Droits de succession, produit, lots et ventes : ce que paie le vassal en sortant de l'état serve. Termes de guerre, sortie, charge. D'*exitus.*

Itel. *Iteil*; au plur. *Iteux*: tel, semblable, le même. De *talis.*

J.

Joians. *Joiant, joiaus* : gai, enjoué, joyeux. De *jocosus* ou de *gaudens.*

Jors. Jour, journée.

Jau. Je, moi. *Ego.*

Jouenkche. *Jounesse* : jeunesse, adolescence.

K.

Kevelu. Chevelu.

Kiknoït. De *kiérir, kierker* : quérir, chercher. De *quærere.*

Kievre. *Chièvre* : chèvre.

L.

Laiens. *Laens, léans*: dedans, dans, là. *Illic.*

Lasqua. *Laska*: pour lâcha. Du verbe lâcher, laisser échapper.

Lassèce. *Lassette*: peine, lassitude. De *lassitudo.*

LATINIER. Pour *latinier* : truchement, interprète, traducteur. De *latin'ensis*.

LEGIER. *Legiers* : léger, prompt ; légèrement, facilement. De *leviter*.

LICHES. L'ce, barrière, retranchement, joutes. De *licia*.

LIE. Joyeusement. De *lætè*.

LIÉ. *Lié, liées, lies, liez* : content, gai, joyeux. De *lætus*.

LINCHEUS. *Linceus, linceuls* : linceuil, draps de lit, toile. De *linteum*.

LIU. Lieu, place, endroit. De *locus*.

LIUTE. Pour lue, du verbe lire. *Legere*.

LIVRISON. *Livroison* : livraison, redevance. De *liberatio*.

LOËS. Du verbe *loer, loier* : louer, applaudir, approuver. De *laudare*.

LOR. *lour* : leur.

M.

MACHECLIER. *Machelier* : boucher-charcutier.

MAINBURNIE. *Mainbornie* : tutelle, curatelle, garde. De *manburnia*.

MAISNÉ. *Maisné* : cadet, plus jeune, puîné. *Minor-natu*.

MAIS. Seulement, davantage, plus, jamais ; *onquesmais* : jamais plus.

MAISNIÉ. Maison, suite, troupe, famille. De *mansio*.

MALTALENT. *Mautalent* : dépit, colère, mauvaise disposition.

MANCES. Manche. De *manica*.

MANGONIAUX. *Mangonneau* : pierres et projectiles de guerre. C'était aussi la machine même à jeter des pierres.

MARCHES. Frontière, limites.

MARCHI. *Merci* : pitié, compassion, pardon. La *merci Diu*, la mercie de Dieu.

Marciet. Marché. *Marchatum.*

Marcis. Marquis. *Comes limitis.*

Marone. Ville. Pour *Massoure.*

Maruniers. Maronnier, matelot, batelier, marinier. De *marinus.*

Masenghe. *Masenge :* mésange, petit oiseau.

Mastins. Matin. De *matutinus.*

Meffaisiens. Pour *méfaisions :* de meffaire, malfaire. De *male facere.*

Ménestreus. *Ménestre :* ménestrel, joueur d'instruments, jongleur.

Mescéance. *Mescéance :* méséance, malice, méchanceté, malheur, accident. De *male cadere.*

Mesist. Mit. De mettre.

Mespringne. *Méprendre.* De méprendre.

Mestiers. *Mester :* besoin, utile, nécessaire. De *ministerium.*

Meut. Pour *mut.* Du verbe *mouvoir.*

Mi. *Mie :* moitié. De *medium.*

Mie. Nullement, pas.

Millour. *Miller :* meilleur. De *melior.*

Mir. *Mirre :* chirurgien, médecin.

Miudre. Meilleur.

Mollier. *Moiler, mollière :* épouse, femme mariée. De *mulier.*

Mons. Mont, tas, élévation, montagne. De *mons.*

Monsteroit. *Montreroit.* Du verbe *monstrer :* montrer.

Mont. L'univers, le monde. De *mundus.*

Mourdri. Meurtris, mort. De *mourdrir :* assassiner, tuer.

Mourdreours. *Mourdreur, mourdrier :* meurtrier, assassin.

Musars. Bateleurs, libertins, fainéans.

N.

NAGIER. *Naivier, najier, nager* : naviguer, aller sur mer. De *navigare*.

NAVE. *Navée, navie, nef* : navire, nacelle. De *navis*.

NAVRÉS. *Nauvré* : blessé, atteint d'un coup. De *vulneratus*.

NEQUEDENT. Néanmoins, nonobstant. De *nequando*.

NICHE. *Nice* : pauvre, nécessiteux, simple, sans expérience. De *nescius*.

NICHETÉ. Sottise, simplicité, enfantillage.

NIENT. *Niant, noiant* : non, rien, jamais ; néant. De *negare, negans*.

NIES. *Niez, niers, nieps* : neveu. De *nepos*.

NOCHE. *Nocher, naucher* : pilote, conducteur de navire. De *nauclerus*.

NONCHALOIR. Nonchalance, paresse, indolence. De *noncalidus*.

NONCHIER. *Noncher, noncer* : annoncer, faire savoir. De *nuntiare*.

NUEF. *Nués* : neuf, nouveau. De *novus*.

O.

OBÉDIENCE. Obéissance, soumission. De *obedientia*.

OCHIS. De *ochir, oceire, occiser* : occir, tuer. De *occidere*.

OCQUOISONNÉ. *Ocquasionné* : occasionné, être cause.

OEL. OEIL. De *Oculus*.

OIL. Oui, *langue d'oïl* : Languedoc.

OIR. *Hoir, oire* : hériter, descendre ; héritier, descendant. De *hæres*.

ONKES. *Onques* : jamais ; *onkes-mais* : jamais depuis ce temps, avant.

Ordène. *Ordenanche, ordine* : ordre, commandement, règlement. De *ordinatio*.

Ordenés. De *ordener* : ordonner, ranger, commander.

Orgiols. *Orgueux* : orgueil, vanité, faste.

Os. *Oies, ouies* : ouïe, oreille, entendement. De *auris*.

Ost. Armée ; *s'ost* : son armée. De *hostis*.

Ostoier. Attaquer, faire la guerre. De *hostis*.

Otroi. *Oltroi, octroi*. Du verbe octroyer, accorder, concéder.

Oume. *Home* : homme. De *homo*.

Ourmiel. *Ourmelel, ourme* : orme, ormeau, sorte d'arbre. De *ulmus*.

Outrement. Outre, passé ; *outrement li termes* : le terme étant passé. p. 26.

Ouvrroit. Du verbe *ouvrer* : travailler, agir, concerter. De *operari*.

P.

Paour. *Paor* : peur, épouvante. De *pavor*.

Parchounier. *Parçonnier* : partageant, celui qui possède en commun.

Parement. Ornement, *chambre de parement* : de parade, mur, rempart.

Parisis. Monnaie. Sol-parisis, pièce frappée à Paris et valant le quart en sus de celle frappée à Tours. 20 sols parisis faisaient 25 sols tournois.

Parliers. Parleur, avocat, bavard, babillard. De *prælocutor*.

Partie. Partagée, part, portion.

Partie. Pouvoir, puissance, parti, force.

Pavellon. Pavillon.

Peuissent. Pour puissent. Du verbe pouvoir.

PAYETTE. Pelle, poële à frire, cuvette.

PÉCEOURS. *Pécheor, peschor*: pécheur, coupable. De *peccator*.

PÉCIÉ. Péché, faute.

PEÇOIER. *Péçoyer*: percer, briser, couper, ruiner, saccager.

PELLORIT. Pilori, échafaud. De *piluricium*.

PENANCHE. *Penance*: pénitence, repentir, punition.

PERRIÈRES. Pierres, carrière à pierres.

PICOIS. Houe, pioche, bêche, hoyau.

PIÈCHE. *Une pièche* : un peu de temps, espace, terme. De *spacium*.

PIERCHUT. De *pierçoir, percevoir*: apercevoir, comprendre. De *percipere*.

PIERT. *Pert*. Du verbe perdre.

PIEUS. Pieux, religieux. De *pius*.

PIEUX. *Piex* : pieu, levier. De *palus*.

PIOUR. *Pior* : pire, plus méchant. De *pejor*.

PIS. Doux, clément. De *pius*.

PIS. *Pits, pitz*: poitrine, gorge, mamelle. De *pectus*.

PLENTÉ. *A grand plenté* : abondance, abondamment, en grande quantité.

POI. Peu.

POIGNÉIS. *Pougnis, poignais* : guerre, choc, combat. De *pugna*.

POIS. *Poins* : point, trait. De *punctum*.

POISSANT. Puissant.

POITRAUX. Pluriel de *poitral* : poitrail.

POIS. *Poist* : chagrine, fâche.

PORTÈRES. Loge, habitation, gardien d'une porte.

POSTAL. *Postel, posteau* : travée, pilier, jambage de porte. De *postellum*.

POSTAT. *Postat* : puissance, magistrature. De *potestas*.

Pourcache. Poursuite, sollicitation, pourchasse.

Pourcacièrent. Pourchassèrent, sollicitèrent. De *pourcacier, pourchasser*.

Pourfis. Profit, usage.

Pourpensèrent. De *pourpenser* : méditer, reconnaître, préméditer.

Pourquant. Néanmoins, cependant, lorsque.

Pourveancre. *Pourveance* : prévoyance, précaution, providence.

Praer. Voler, piller, prendre. De *prehendere*.

Premerains. *Primerain* : premier, supérieur. De *primus*.

Preud. *Preu, preus, pruz* : prudent, sage, courageux. De *prudens*.

Pricius. Précieux.

Priés. Près, à côté.

Priesse. Presse, foule.

Priesse. Chapelle, oratoire.

Proia. De *proier, prijer* : prier, demander, implorer.

Proières. Prières.

Puissedi. Après ce jour, ensuite. De *post diem*.

Puour. Puanteur, infection. De *putor*.

Q.

Quariel. *Quarriau, quarelle* : flèche, trait d'arbalète.

Quens. *Cuens* : comte. De *comes*.

Querre. *Querquer* : chercher, demander. De *quærere*.

Quida. De *quider, quidier, cuidier* : croire, soupçonner, penser. De *cogitare*.

Quisine. Cuisine. De *cequina*.

R.

RACATER. Racheter, payer la rançon.

RAENCHON. *Raençon* : rançon, rachat.

RAGIER. *Être enragié* : s'emporter, être comme fou.

RAIEMBRE. *Raembrer* : exiger ou payer rançon, racheter.

RAIENS. Racheté.

RAPLAGIER. Cautionner, payer pour quelqu'un.

RAVEROIENT. Rauroient. Du verbe ravoir.

REÇOITES. Pour reçûtes. Du verbe *reçoir* : recevoir.

REDAMI. *Redcyme, redime* : rachat.

REFROIDIÈRENT. Du verbe *refroidier* : refroidir, devenir froid.

REIS. *Rez* (au reis) : à l'exception, hormis.

REMAINT. *Remain* : le restant, le surplus.

REMANOIR. *Remaner* : rester, demeurer, unir.

RENDERIENSMES. Pour rendrions. Du verbe rendre.

RENFORCHER. Renforcer, augmenter, doubler en force.

RENIÉS. *Renoié* : trompeur, déloyal.

RENKIEROIT. De *renkiérir* : renquérir, chercher de nouveau, interroger.

REOND. *Reondes* : rond. De *rotundus*.

REPAIRAIENT. De *rapairier* : habiter, demeurer, reposer.

REPOS. Caché, dissimulé.

REQUERRE. Requérir.

RESEMOND. Redemandé.

RESONGNA. De *resongner* : appréhender, craindre.

RESPI. Terme, délai.

REUBE. Vol, larcin.

REUBOIT. Du verbe *reuber, rober* : dérober, voler, ravager.

REUSER. Éloigner, écarter, aller en arrière. De *recedere*.

RICEMENT. Richement.

Riesnes. *Resnes* : brides, rênes.
Roket. *Rock* : robe, rochet, tunique.
Roie. *Roit* : raie, ligne, sillon.
Roller. Rouler, mettre en rouleau, bâtonner.
Ronchi. *Ronci*, *roncin* : cheval de selle, de service, cavale.

S.

Saciés. De *sacier*, *saur*, *sacher* : tirer, ôter, remuer.
Sainer. Saigner, tirer du sang.
Sainer. Signer, apposer le seing.
Saingner. Faire le signe de la croix.
Sains. Saints. De *sanctus*.
Sajettes. *Saiètte*, *sagette* : flèche, trait. De *sagitta*.
Sali. De *salir* : saillir, sauter : *sali sus*, se leva, s'avança.
Sant. *Sanc* : sang.
Saoulés. De *saouler*, *saoler* : saouler, faire excès.
Saut. Sauté. De sauter.
Sauveté. *Sauvement* : assurance, sûreté.
Se. Si, s'il.
Seaus. Ceux, ils.
Seaus. Sceaux, scel.
Semonst. Invité, mandé, sommé.
Senefioient. Pour signifiaient. Du verbe *senefier* : signifier.
Senescaus. *Seneschal* : officier, intendant.
Senloit. De *senler*, *sanler* : sembler, penser, croire.
Séoit (Etait assise). De *séoir* : asseoir, siéger. De *sedere*.
Sereur. *Serour* : sœur. De *soror*.
Serourge. Seigneur, maître.
Sérourge. *Sérorge* : beau-frère.
Seu. *Sçu* : savoir.
Seus. *Soé*, sienne ; *seus tière* : la sienne terre.

18.

Siènes. *Sieurée* : seigneurie, domaine.
Sina. Signa, fit le signe de la croix.
So. Ainsi. De *sic*.
Soelés. Soulé.
Soie. Sienne. De *sua*.
Solaus. *Soloil, sol* : soleil. De *sol*.
Solleus. *Sollières, sollires* : souliers, chaussures. De *calceus*.
Soumier. *Soumer, soumeron* : bête de somme, cheval, palefrenier.
Sour. Sur, dessus. De *super*.
Souraté. *Surté* : assurance, gage.
Souscouru. De *souscourir*, secourir.

T.

Targa. De *larger, largier* : tarder, différer.
Targe. Bouclier, arme défensive. De *tergum*.
Tart. Tard.
Taviense. Taverne, cabaret. De *taberna*.
Teches. *Teice, teiche* : qualité bonne ou mauvaise, suivant l'adjectif qui précède : vice ou vertu, défaut ou perfection. *Bonnes tèches, males tèches*.
Tempoire. Le temps passé. De *tempus, temporis*.
Tenroient. Tiendraient. Du verbe tenir.
Teus. *Telx, teulx* : tel, pareil, semblable. De *talis*.
Thiner. *Tinner, thumer* : tourmenter, battre, vexer.
Thumer. *Thumber* : danser, sauter, tomber, choir.
Tiermes. Terme, jour fixé.
Tieste. *Teste* : tête.
Tolte. Vol, rapine, impôt, maltôte. De *tolta*.
Tournièle. Tour, tourelle.

Traisnist. Traina. De *Traire, traisnir* : traîner, tirer, sortir, réclamer, extraire, traduire.

Traist. Tira. Du verbe traire, tirer.

Traitour. Traîtres, conspirateurs.

Trau. *Trel, tros* : trou, défilé, sentier creux.

Travella. De *traveller, traveiller* : travailler, peiner, tourmenter.

Treduce. Chute, ruine. De trébucher.

Trechr. *Treice* : tissu, chaîne.

Trecuerie. Tricherie, ruse, tromperie.

Trés. *Tref, trief* : pavillon, tente, voile de navire.

Truive. *Trième* : trêve, armistice.

Turcois. Carquois, turc, qui est fait à la turque.

V.

Vacke. *Vacque* : vache. De *vacca*.

Vassaument. Fidèlement, avec attachement, généreusement.

Vermelle. *Vermaus* : vermeille, rouge. De *vermiculus*.

Veschi. Voici, voilà. De *ecce*.

Vesque. *Vesques, veske* : évêque. De *episcopus*.

Viés. *Viez* : vieux, ancien. De *vetus*.

Vièle. *Vièle* : violon.

Vilenaille. Populace, troupe de gens de vile extraction.

Vilenie. *Villonie* : action basse, outrage.

Vis. *Viz* : visage, figure. De *visus*.

Vis. Vivant. De *vivus*.

Vis. Avis, conseil. De *visio*.

Vis. Vide. De *viduus*.

Vis. Vil, abject. De *vilis*.

Viuté. *Vilté* : mépris, chose honteuse. De *vilitas*.

Voel-je. *Voil, vueil :* veux-je, je veux. De *volui.*

Voisés. Pour *voyez.* Du verbe voir. Je vois, tu vois, il voit, nous *voisons*, vous *voisez*, ils *voisent.*

Vorriez. Pour voudriez. Du verbe *volre, volsir, vosir :* vouloir. De *velle.*

Y.

Yretage. Héritage.

FIN DU GLOSSAIRE.

TABLE DES MATIÈRES,

PAR ORDRE DE CHAPITRES.

Nota. Les titres de l'auteur n'indiquant qu'une faible partie des matières de chaque chapitre, il a paru utile de donner une table plus complète.

Lettre à M. le Maire et à MM. du conseil de la ville de Reims. p. 1

CHAPITRE I*er*. *Comment li rois Loeys prit à feme la ducoise Elienor, puis la répudia pour espouser Aélis de Champaigne. Li trepas le roi Loeys et couronnement le roi Phelippe.* p. 1

Le peu de succès des chrétiens en Terre-Sainte, depuis la conquête de Godefroy de Bouillon. Louis VI roi de France: pourquoi appelé le Justiciers ; ses deux fils, sa mort.—Assemblée de barons qui élisent pour roi Loeys, au lieu de Robiers, pour quelle raison. Louis VII sacré à Reims. Origine des Robertois ou du parti de la maison de Dreux.—Mariage de Louis VII, il se croise ; sa conduite en Syrie. Trahison de la roine Eléonore. Comment le roi en est instruit ; son retour en France ; il répudie la reine, qui épouse Henry roi d'Angleterre : leurs enfants.—Louis VII se remarie à Alix de Champagne, sœur de Guillaume aux blanches mains, archevêque de Reims ; leurs enfants. Il fait, de son vivant, couronner son fils Philippe ; ce prince est sacré à Reims, par Guillaume aux blanches mains; à son dîner est servi par le roi d'Angleterre, agenouillé. Mort de Louis VII, il est enterré à St-Denis. — Commencement du règne de Philippe Auguste.

Notes. Enfants de Louis VI. Louis VII fait dresser le formulaire des cérémonies du sacre, et règle par une charte, qu'à l'avenir les rois ses successeurs seront sacrés à Reims. Ce prince était réellement apte à succéder à son père, son frère aîné Philippe étant mort depuis longtemps ; magnificence de son sacre, où se trouve le pape Innocent II, saint Bernard et un grand nombre d'illustres prélats. Louis VII incendie Vitry, et se croise à la sollicitation de saint Bernard. Motifs du divorce du roi et de la reine. (*Citation des grandes Chroniques de France.*) Henri roi d'Angleterre, meurtrier de Thomas de Cantorbéry. Robert de Dreux fonde un collége du nom de ce prélat. Note biographique sur Guillaume aux blanches mains. Louis VII avant Alix de Champagne, épouse Constance de Castille. Sacre de Philippe Auguste. (*Citation de Rigord*).

CHAPITRE II. *Comment la discorde meut entre le roi de France et le roi d'Angleterre.* p. 12

Henri *au court mantiel*, fils aîné du roi d'Angleterre, demande en mariage la sœur de Philippe, roi de France : elle est accordée, envoyée à Londres avec une grande suite. Le jeune prince en Ecosse ne peut la voir. Déloyauté du roi son père qui voit charnellement la princesse. Retour de

Henri *au court mantiel*, son courroux, sa mort. La damoisièle renvoyée en Poitou, où elle cache sa honte. Le comte de Poitou l'épouse du consentement du roi Philippe et leurs enfants.—Philippe courroucé contre le roi d'Angleterre, le surprend à Gerberoi près Beauvais, et est sur le point de le tuer. Henri, honteux de cette surprise, se pend avec les rênes d'un cheval : son corps porté à Rouen en Normandie. Son fils richard lui succède, et comment il en agit.

Notes. Pourquoi Henri est appelé *au court mantiel*. Mont-Leans peut-être Laon.—Histoire d'Alix, fille de Louis le Jeune rectifiée. Récit de la mort du roi d'Angleterre, en contradiction avec l'histoire. Récit à ce sujet de Rigord déjà cité.

CHAPITRE III. *Coment li roi Gui regna en la tière de Surie.* p. 18

Amauri roi de Jérusalem, étant mort sans enfants, la couronne passe à sa sœur, épouse de Gui de Lusignan. Les barons jaloux de celui-ci veulent forcer la reine à le détrôner comme étant de trop mince origine : ils lui députent à ce sujet le Patriarche : réponse et stratagème de la reine.

Note. Comment Benoît de Peterborough, raconte l'histoire de Sibille et de Guy de Lusignan.

CHAPITRE IV. *Coment li baron entreprinsent le traïson dou roi Guis.* p. 22

Dépit du patriarche et des barons. Ils proposent à Saladin de lui livrer la couronne: à quelles conditions? Serment sur le sang.—Saladin se présente devant Acre. Gui de Lusignan consulte ses barons. Opinion du comte de Tripoli. Saladin requiert bataille. Gui consulte de nouveau ses barons, leur réponse. Journée d'Acre. Saladin a d'abord le dessous. Hauts faits de Gui. Saladin somme de leur serment le comte de Tripoli et les barons. Trahison de ceux-ci. Gui fait prisonnier. Prise d'Acre : la roine retirée à Tyr. Saladin maître de tout le reste du pays.

Notes. Serment du sang mis en doute par M. Michaud. Citation de Guillaume de Tyr, du P. Anselme, et de M. Michaud, au sujet de la trahison du comte de Tripoli.

CHAPITRE V. *Coment Salehedin par sa courtoisie mist fors de prison le roi Guion.* p. 30

Entrevue de Saladin et du roi Gui. Courtoisie du premier. Gui élargi : il mande au bailly de Tyr de lui ouvrir les portes. Refus de celui-ci : intervention de la reine : réponse du bailly. Stratagème de Sibille. Elle va rejoindre son époux : joie de Gui. Saladin le fournit de vivres.

Notes. C'est Saladin que Voltaire a peint dans Orosmane de *Zaïre*: ce qu'il faut penser de la générosité de ce prince.

CHAPITRE VI. *Coment li rois de France et li prince de Crestienté alèrent outre mer.* p. 36

Le pape Luce fait prêcher la croisade, en France, en Angleterre, en Allemagne. Départ des croisés. Siège et prise de Tyr. Conduite de Richard d'Angleterre et de Philippe de France. Siège d'Acre : défense de la ville : effroi du bailly d'Acre à la vue de *Male-Voisine*, machine de guerre du roi de France. Acre est prise d'assaut. Gui et Sibille sont rétablis.

Notes. Quand Luce III prêcha la croisade. Dîme Saladine levée par Philippe Auguste. Le clergé de Reims refuse de se soumettre à l'impôt. Les comtes de Rethel, de Coucy et le seigneur de Rosoy pillent le pays de Reims. Les gens d'église réclament le secours du roi, réponse de Philippe. Ceux de Reims reconnaissent leur faute et obtiennent des secours (*Citation de Guillaume le Breton*, touchant le siège de Tyr) : ce qu'était Male-voisine. (*Citation de Ducange*).

CHAPITRE VII. *Coment li rois Ricars volt faire mourdrir le roi de France.* p. 40

Dépit et jalousie du roi Richard à la nouvelle de la prise d'Acre; son arrivée au camp; combat singulier avec Guillaume Desbares, célèbre chevalier français. Guillaume le désarçonne. Richard irrité vient assaillir l'hôtel du roi Philippe, il est repoussé. Il empoisonne Philippe, corrompt les barons, et leur fait jurer la mort du roi. Le comte de Flandre, l'un d'eux, tombe malade et révèle le complot à Philippe. Celui-ci met à la voile et quitte la Terre-Sainte. Henri, comte de Champagne, se met à la poursuite du roi et veut le retenir. Indignation et réponse de Philippe. Henri retourne vers les barons. Inquiétude de ceux-ci en se voyant découverts. Richard se rembarque. Arrivé en Allemagne, il se déguise en cuisinier pour traverser l'Autriche, est reconnu par un des gens du duc, arrêté et mis dans une forteresse. Départ et naufrage du comte de Blois. Henri de Champagne épouse la fille du roi de Chypre. Il est reconnu roi; sa mort étrange. Mort de Sibille et de Guy de Lusignan. Traversée orageuse de Philippe. Effet du poison sur sa santé. L'archevêque de Reims lui conseille d'épouser la sœur du comte de Flandre. Députation à Baudoin. Conditions du mariage. Il est célébré à Amiens. Leur fils Louis surnommé Cœur-de-Lion.

Notes. Récit de Jean Bropton au sujet de la rencontre de Richard d'Angleterre et de Guillaume Desbares. Opinion de Guillaume le Breton et de Rigord, sur l'empoisonnement de Philippe. — Jurement habituel de ce prince. — Motif de la haine du duc d'Autriche contre Richard. — Note sur Thibault, comte de Blois, sur Henry, comte de Champagne. Histoire rectifiée du mariage de Philippe Auguste avec Isabeau de Flandre.

CHAPITRE VIII. *Comment li rois Ricars fu mis hors de prison par Blondiel le Ménestrel.* p. 53

Le roi Richard, prisonnier du duc d'Osteriche. Blondiaus le Ménestrel se met à sa recherche. Il arrive en Osteriche, au pied d'un château-fort. Comment il apprend d'une pauvre femme qu'un prisonnier *gentius hom et grant sires* y est enfermé. Il gagne les bonnes grâces du châtelain qui l'adopte pour son ménestrel. Comment il se fait reconnaître du roi Richard. Départ de Blondel, son retour en Angleterre. Il annonce aux barons, qu'il a retrouvé le roi: trois chevaliers sont députés vers le duc d'Autriche; rançon du roi qui oblige les gens d'Eglise d'engager jusqu'aux vases sacrés. Haine de Richard contre Philippe Auguste; il l'envoie défier. Réponse du roi de France. Préparatifs de guerre. Arrivée de Richard à Dieppe, à Rouen, à Gisors.—Les Ribaus.—Philippe assemble ses barons et marche vers Gisors. Richard envoie provoquer les barons de Philippe, et les défie d'approcher l'orme de Gisors. Réponse et départ de ceux-ci; ils coupent l'orme. Affaire de Gisors. Hauts faits de Richard et de Guillaume Desbarres; leur nouvelle rencontre; comment finit leur combat. Richard reçoit de mauvaises nouvelles d'Angleterre; il se rembarque. Philippe, instruit de son départ, pousse le siége de Gisors. Trêve demandée et octroyée. Avis donné au roi Richard par ceux de Gisors; réponse de Richard. Durant la trêve, Philippe s'empare de Niort. Reddition de Gisors et d'une partie de la Normandie. Richard rentre en France, arrive à Dieppe. Danger que court Philippe; comment il est sauvé par Alain de Roussi. Dépit du roi Richard, qui se croyait maître de Philippe. Belle parole d'Alain de Roussi.

Notes. L'histoire de Blondel le Ménestrel, n'était connue que par ce qu'en avait dit le président Fauchet. Ce qui reste des chansons de ce ménestrel.—La *Chronique de Flandres*, d'accord avec la *Chronique de Rains*, au sujet de la mort de Henri d'Angleterre.—Ce qu'étaient les Ribauds: citation de *Rigord* et de *Ducange*.—Notice sur Guillaume Desbarres: citation de *Gui Coquille*.—Récit de Rapin Thoiras, au sujet des succès du roi Richard contre Philippe Auguste, en Normandie. Citation des *Chroniques de St-Denis*.

CHAPITRE IX. *Coment li rois d'Engletiére entra en France.* p. 72

Richard, irrité de la perte de Gisors et de Niort, assiége et prend un château du roi Philippe. Cruautés envers les prisonniers. Maladie du roi de France. Richard dévaste les campagnes.

CHAPITRE X. *Coment li rois Ricars se combati au roi d'Espaigne.* p. 74

Richard apprend que le roi d'Espagne s'était emparé de deux de ses villes de Gascogne; il arme ses gens et part pour Bayonne; il incendie et dévaste les terres de Ferdinand.-Un espion informe ce prince; son embarras; il assemble et consulte ses barons; réponse de ceux-ci. Richard demande bataille; elle lui est accordée. Choc des deux armées.—Combat singulier de Richard et de Ferdinand.-Victoire des Anglais; leur retour à Douvres.-Nouveaux regrets de Richard au sujet de la perte de Gisors; il débarque à Dieppe, assiége Loche; défense des assiégés. Richard est blessé à l'épaule; soins et recommandation des médecins; Richard méprise leurs avis et continue sa vie déréglée; il est condamné. Plaintes de Richard en sentant sa fin; il meurt.—Son cœur porté à Roncn;

son corps à Londres ; bel éloge de ce prince. Affliction de ses sujets.

NOTES. La guerre de Richard contre les Espagnols n'est mentionnée chez aucun historien. Citation de *Guillaume le Breton*, au sujet de la blessure et de la mort du roi Richard : des *chroniques de St-Denis*.

CHAPITRE XI. *Coment Jehans de Braine fu rois de Jhérusalem.* p. 83

Mort de Sybille et de Gui de Lusignan ; la tutelle de leur fille, confiée aux barons. Histoire de Jehan de Braine ; son père veut le faire moine ; il se sauve à Clairvaux, chez son oncle ; des chevaliers allant au tournois, émerveillés de sa bonne mine, l'emmènent avec eux ; le sire de Château-Vilain l'arme chevalier ; le père de Jehan lui refuse tout apanage : il est surnommé *Jehan-sans-Terre*. Ses exploits ; sa renommée parvient en Syrie ; les barons de Jhérusalem lui font offrir la couronne. Jehan s'embarque à Marseille ; son arrivée en Terre-Sainte ; comment il est accueilli ; il épouse la jeune princesse ; est couronné ; sa fille ; la reine meurt ; nouveau mariage de Jehan. — Le pape Innocent assemble un concile général à Rome ; règlements qui s'y font. Nouvelle croisade. Robert de Crescon, anglais, légat en France. Départ des croisés ; leur arrivée devant Damiette. Effroi des Sarrasins ; réunion des soudans ; ils défendent Damiette. Départ des autres croisés ; leur arrivée devant Damiette.

NOTE. Ce que disent les historiens de Jehan de Braine. Citation de *Bernard le trésorier*.

CHAPITRE XII. *Coment Sarrasins orent victoire par lesvesque de Biauvais.* p. 92

Les Sarrasins secourent Damiette assiégée par Jehan de Braine ; rencontre des deux armées ; imprudence des chrétiens ; ils sont battus ; prisonniers ; maladies et extrémité de ceux de Damiette.— Le pigeon messager.— Le soudan de Babylone leur envoie un gouverneur ; par quel stratagème ; la ruse est découverte, et l'envoyé mis en prison ; il s'échappe la nuit, est arrêté par un garçon boulanger qui le tue.— Le Soudan de Babylone fait proposer une trêve fort avantageuse aux chrétiens ; refus de ceux-ci.— L'eslu de Beauvais, comparé à Nabuchodonosor.

CHAPITRE XIII. *Coment Damiette fu prise.* p. 100

Le roi Jehan fait donner l'assaut. Prise de Damiette. Position des habitants. Cadavres des Sarrasins brûlés. Les grands veulent quitter Damiette pour aller conquérir le pays. —Avis du légat, contraire à celui du roi. L'armée se met en marche, et vient camper entre deux rivières. Saladin lâche les écluses, inonde le camp des chrétiens, et menace de les noyer s'ils ne rendent Damiette.

CHAP. XIV. *Coment Sarrasin rorent Damiette.* p. 103

Modération du Soudan. Elargissement des prisonniers. Reddition de Damiette. Retour en France de Jules, élus de Beauvais. Son voyage à Rome. Le pape le sacre évêque. Explication des cérémonies pratiquées en pareille occasion.

CHAPITRE XV. *Coment li Sarrasins raconta les aventures Salehedin.* p. 106

Trêve de vingt ans.—Portrait d'un prisonnier gentilhomme sarrasin, oncle de Saladin.—Comment ce prisonnier raconte au roi Jehan, diverses aventures curieuses de Saladin.

Notes. Popularité de Saladin, même parmi les croisés. Son baptême est un conte populaire.

CHAP. XVI. *Coment li empereres Fledris ouvra.* p. 114

Comment fut sacré à Aix-la-Chapelle, l'empereur Frédéric. État prospère du commerce sous son règne. Débat entre les bourgeois de Milan et leur évêque. Celui-ci, chassé de la ville, va se plaindre au pape. Le pape envoie un cardinal pour dresser une enquête. Les bourgeois requièrent absolution. Le cardinal exige, avant tout, la rentrée de l'évêque. Refus des bourgeois. Départ du cardinal et de tout le clergé.

CHAPITRE XVII. *Coment li discorde meut entre le pape et l'empereour Fledris.* p. 117

Inquiétude de ceux de Milan. Le peuple s'émeut, et poursuit le cardinal, l'arrête, et veut en arracher une absolution. Mépris et menaces du cardinal. Un milanais mis à mort par un de ses valets. Fureur du peuple. Meurtre du cardinal. Son corps est traîné dans les rues. Indignation du pape. Il exige de l'empereur la ruine de Milan. Siége de Milan, par Frédéric. Les bourgeois implorent la paix. Refus de l'empereur. Ils s'adressent au pape, et lui font offrir une forte rançon.

CHAPITRE. XVIII. *Coment cil de Melans fisent pais au pape por lor deniers.* p. 123

Quelle réception est faite à ceux de Milan, et à quel prix est accordée l'absolution. Le pape mande à l'empereur de cesser les hostilités. Refus de Frédéric. Le pape menace de l'excommunier. Fin du siége. — Frédéric épouse la fille du roi Jehan. Leurs enfants. L'empereur demande au pape une indemnité pour la guerre de Milan. Refus du pape. Les états de Rome envahis. —Mort du pape. —Innocent III lui succède. Concile de Rome, transféré à Lyon.—Pieron de la Vigne.—L'empereur est excommunié. Pieron de la Vigne accusé de trahison; on lui crève les yeux.--Conduite de Frédéric. Mort du pape Innocent IV.—Confirmation de la sentence contre l'empereur. Le roi Jehan lui cède la couronne de Jérusalem, et se retire à Constantinople.

CHAPITRE XIX. *Coment li mauvais rois Jehans d'Engletiére ouvra.* p. 130

Du roi Jehan et de son mauvais caractère. Meurtre d'Arthur. — Le roi Philippe songe à reconquérir la Normandie. Il députe au roi Jehan les évêques de Beauvais et de Laon, pour le sommer de comparaître à quarante jours de là. Réponse du roi Jehan; après ce délai, le roi d'Angleterre demande et obtient deux nouveaux ajournements qu'il laisse encore expirer. Jugement des pairs du royaume, qui adjuge à Philippe les terres de Jehan. Philippe entre en Normandie. Pillages des Ribauds. Prise de Mantes. Les villes de Normandie informent de leur détresse le roi Jehan; réponse qu'elles en obtiennent. Philippe poursoit vigoureusement le siége de Vernon. Il s'en empare ainsi que de Rouen et de toute la Normandie, excepté du Château-Gaillart; état de cette forteresse; Philippe en fait le blocus. Détresse de la garnison. Persévérance du châtelain. Il est trahi. Les français entrent dans la place. Défense courageuse du châtelain. Le roi Philippe récompense sa bravoure en le maintenant dans sa dignité.

Notes. Notice sur Artus de Bretagne. Arrêt de la cour des pairs de Paris, contre le roi d'Angleterre. Citation de Paul Emile, touchant le siége et la reddition de Rouen. Citation de Rigord. Citation de Guillaume le Breton, au sujet du Château-Gaillart. Nom du châtelain qui défendit cette forteresse.

CHAPITRE XX. *Coment la bataille de Bouvines meut par le comte de Boulogne.* p. 142

Le roi Philippe tient un *parlement* : Gauthier de St-Pol et Renaud de Boulogne se prennent de querelle en sa présence. Coup de poing donné. Le roi blâme St-Pol, et envoie l'évêque de Senlis complimenter Renaud. Réponse hautaine de celui-ci. Le désir de la vengeance porte Renaud à la trahison. Il engage le comte de Flandre dans une guerre contre la France. Le roi d'Angleterre et l'empereur Othon entrent dans la ligue. Philippe réunit ses troupes sous les murs de Tournay. Joie du comte de Flandre : il requiert bataille. Hues de Boves reproche au comte de Boulogne sa trahison. Réponse de celui-ci. Philippe se prépare au combat. Les chefs coalisés se partagent à l'avance toute la France. L'armée de Philippe sort de Tournay. Le pont de Bouvines. Le roi entend la messe. Soupes distribuées en souvenir de la sainte Cène. Parole de Gauthier de St-Pol. Belle allocution de Philippe ; il offre la couronne au plus digne. Refus et acclamation des barons. Description de la bataille. Exploits du Sénéchal de Champagne, du comte de St-Pol. Déroute de l'ennemi. Le comte de Flandre et Renaud de Boulogne prisonniers. Parole de Philippe Auguste, au sujet de l'empereur.—Le même jour, Louis de France bat les Anglais en Poitou.—Où le roi Philippe fait mettre ses prisonniers.—Désordres du roi Jehan d'Angleterre. Les barons offrent la couronne à Philippe Auguste ; son fils Louis accepte pour lui. Otages d'Angleterre. Départ de Louis : barons qui l'accompagnent ; il attaque en passant, la ville de Douvres, mais en vain. Siège et reddition de Londres. Mort du comte du Perche. Le roi Jehan achète le secours du pape qui excommunie le prince français. Gêne où se trouve Louis ; il demande à son père des secours d'argent. Refus de Philippe. Instance de Blanche de Castille. Belle parole de cette princesse. Le roi cède. Jehan s'humilie devant ses barons; ceux-ci le rétablissent, et déclarent à Louis de France qu'ils ne veulent plus de lui. Départ de ce prince qui n'est absous qu'après le renvoi des ôtages.—Son voyage à Toulouse.

Notes. Opinion étrange de M. Augustin Thierry, sur le désintéressement de Philippe Auguste à Bouvines. Citation de Guillaume Guiart (*Royaux lignages*), sur les exploits du comte de St-Pol. Opinion de l'éditeur du *Romancéro Français*, au sujet du beau mouvement de Blanche de Castille.

CHAPITRE XXI. *De la mort le roi Philippe.* p. 161

Philippe meurt à Mantes; comment il partage ses richesses; enterré à St-Denis par Guillaume de Joinville, archevesque de Reims. Son tombeau.

Note. Citation des chroniques de St-Denis sur la mort de ce Prince.

CHAPITRE XXII. *Coment li rois Loeys, regna après la mort le roi son père.* p. 163

Du roi Louis VIII, de sa femme et de ses enfants. Il se rend à Reims, en grande solennité pour s'y faire couronner. La sainte Ampoule : il est sacré par l'archevêque Guillaume de Joinville; festin et fêtes du sacre; départ pour Paris.—L'archevêque requiert les échevins de Reims de payer les frais du couronnement : il produit de faux témoins pour prouver qu'ils sont tenus de ces frais. Noms des échevins qui résistent à l'Archevêque et en appellent au roi. Louis VIII envoie Renaut de Pieronne pour informer du fait; résultat de l'enquête. L'archevêque est condamné aux frais.

Notes. Citation de Marlot au sujet de Guillaume de Joinville et du sacre de Louis VIII. Citation des Chroniques de St-Denis, sur le même sujet. La *Chronique de Rains* en contradiction avec l'histoire. Charte de Louis VIII qui contraint les rémois à contribuer aux frais du sacre. Cet impôt n'est définitivement établi qu'au sacre de Philippe le Hardi. Pourquoi l'auteur a cru pouvoir déguiser ici la vérité.

CHAPITRE XXIII. *Coment il advint de celui qui se fist conte Bauduin.* p. 168

Louis VIII prend la Rochelle. Trahison des grands de Flandre, contre la comtesse Jehanne. Ils séduisent un pauvre reclus et le font passer pour le comte Bauduin; la fourberie réussit. Les villes de Flandre se soumettent; la comtesse sur le point d'être arrêtée se retire à Mons. Elle invoque le secours du roi de France, alors Philippe Auguste. Le faux Bauduin mandé à Péronne, avec sauf-conduit : son entrevue avec Philippe. Questions qui lui sont faites. Son embarras : il est démasqué; sa fuite en Bourgogne, où il reste ignoré; comment il est reconnu et livré à la comtesse Jeanne. Il avoue son crime et son nom. Il est dépouillé et promené en dérision par les rues de Lille; sa mort.

Notes. Citation des *Chroniques de St-Denis* sur le faux Bauduin. Il n'était pas de Reims, ainsi que le prétendent plusieurs historiens. Opinion de Meyer, de Philippe Mouske. Citation de Marlot.

CHAPITRE XXIV. *Coment li rois Loeys régna de son vivant.* p. 175

Révolte des Avignonais. Louis VIII arme ses troupes. L'archevêque Guillaume de Joinville, et le comte de Saint-Pol (Chastillon), font partie de l'expédition. Siége d'Avignon. Mort de St-Pol. Courroux et regrets du roi. Le corps de St-Pol, embaumé et conduit au prieuré de Longhieaue (Longueaux), près Chastillon. Trêves de XL jours. Reddition d'Avignon. Mort du comte de Namur. Le roi et l'archevêque de Reims tombent malades à Montpencier. Mort de Louis VIII. Prophétie de Merlin. Deuil de la reine Blanche; ses embarras; elle consulte les grands, qui lui conseillent de faire sacrer son jeune fils; Louis IX, âgé de 14 ans, couronné à Reims, par l'évêque de Soissons. Henri de Braine, archevêque de Reims.

Notes. Citation des *Chroniques de St-Denis*, sur la mort de St-Pol. Le prieuré de Longueaux, fondé par lui et non par le comte Thibault. Citation de Marlot, sur Guillaume de Joinville.—Anecdote singulière racontée par Puys-Laurens (*Historia Albigensium*).—Citation de Marlot, sur le sacre de Louis IX. Notice sur Henri de Braine, archevêque de Reims. Citation d'Anquetil.

CHAPITRE XXV. *Coment li baron revelérent contre la roine de France.* p. 182

Révolte des barons contre la roine Blanche; ils offrent la couronne au comte de Boulogne; ils reprochent à Thibaut, comte de Champagne, la mort de Louis VIII. Le comte de Boulogne l'envoie provoquer. Thibaut convoque ses grands vassaux; leurs mauvaises dispositions; il fortifie Port-à-Binson, Fismes, le Mont-Aimé et Provins. Siége de Fismes. Le comte de St-Pol passe la Marne à Reuil. Fuite du comte de Rethel. Prise et ruine d'Epernay, de Dameri, de Sézanne. La garnison du Mont-Aimé arrête les convois de l'archevêque de Reims. La roine Blanche vient au secours de Thibaut; défenses qu'elle adresse aux barons; insolente réponse de ceux-ci. Le comte de Boulogne abandonne la ligue.

Fin de la guerre. Mort de Blanche, comtesse de Champagne, du roi de Navarre, son oncle. Thibaut couronné à Pampelune; ses mariages; ses enfants. Louis IX épouse Marguerite de Provence; leurs enfants. Le roi de Navarre arme contre le roi de France, au sujet du comté de Blois. La roine Blanche, pour le réconcilier avec son fils, le mande à Paris. Le comte d'Artois lui fait jeter un fromage à la figure. Courroux de la roine Blanche. Comment furent apaisés tous débats. Révolte de Pierre Mauclerc; il offense la reine-mère; courroux du roi; comment il oblige Mauclerc à crier merci. Exactions du comte de la Marche dans le Bordelais; de concert avec le roi d'Angleterre, il envahit le Poitou. Louis IX marche à sa rencontre et rétablit son autorité; le roi d'Angleterre se retire. Soumission du comte de la Marche. Coutume de France, qui attribue au roi tous les pays qu'il prend contre des vassaux révoltés.

Notes. Citation de la *Chronique métrique de St-Magloire*, au sujet de la guerre des grands vassaux contre Thibaut, comte de Champagne. Citation de la *Chronique de Flandres*, sur le même sujet. Notice sur Moiemer ou le Mont-Aimé, près Vertus. Citation du président Fauchet et d'Anquetil. Discrétion de la *Chronique de Rains*, au sujet des amours de Thibaut et de la roine Blanche.

CHAPITRE XXVI. *Coment li rois de France ala outremer entre lui et ses frères.*   p. 196.

Maladie de Louis IX. Nouvelle croisade. Le légat accorde aux croisés trois ans pour payer leurs dettes aux bourgeois. Adieux touchants du roi et de la reine-mère. Il s'embarque à Aigues-Mortes, arrive en Chypre; y séjourne un an. Arrivée des croisés devant la rade de Damiette. Les Sarrasins s'opposent au débarquement. Bravoure du roi. Siége et prise de Damiette. La reine accouche d'un fils. Témérité du comte d'Artois.

Notes. Citation de Joinville au sujet de la maladie du roi. Des chefs de la croisade. Habileté de nos vieux chroniqueurs pour la mise en scène de leurs personnages ; citation du *Romancéro français*. De M. Michaud, sur la naissance d'un fils de la reine, nommé Tristan.

CHAPITRE XXVII. *Coment li quens d'Artois fu mors ou pris, et Damiette rendue.* p. 204

Le comte d'Artois suivi des chevaliers du Temple et des Hospitaliers, passe le Jourdain. Proposition d'un renégat. Pressentiments du maître des Templiers ; ils entrent dans Massoure qu'ils croyaient dégarnie ; comment ils y sont reçus. Le roi passe le fleuve ; son chagrin de ne plus voir son frère ; il apprend sa mort et celle des chevaliers. Les Sarrasins ferment les écluses et arrêtent le passage de l'armée. Position critique du roi. Le soudan de Babylone le somme de se rendre ; réponse de Louis IX ; ses barons l'obligent à se soumettre ; il remet son épée, sa rançon ; les autres chefs Sarrasins veulent avoir part ; ils tuent le soudan de Babylone. Nouvelles conventions. Damiette est rendue aux Sarrasins. Les Croisés se retirent à Acre. Le roi reçoit nouvelle de la maladie de la reine-mère, il congédie le comte d'Anjou, malade.

Notes. Citation de Joinville sur la mort du comte d'Artois, de Raoul de Coucy, et des Templiers. Caractère de vérité qui se remarque en la *Chronique de Rains*.

CHAPITRE XXVIII. *Coment la terre de Flandres et de Haineau fut partie as enfans la contesse.* p. 212

Discorde entre les enfants de Marguerite, comtesse de Flandre ; elle implore l'intervention de la reine Blanche qui la renvoie au comte d'Anjou; à quel prix elle obtient le secours de celui-ci. Neutralité de Valenciennes qui ouvre ses portes à la comtesse et prête foi au comte d'Anjou. Siége et prise de Mons; mort de la mère du comte d'Anjou. Jehan Davenes détermine le roi d'Allemagne à secourir ses neveux; vaine démonstration de celui-ci. Le comte d'Anjou retourne en France.

Notes. Notice sur Bouchard d'Avesnes. Jeanne et Marguerite de Flandres.

CHAPITRE XXIX. *Coment li rois d'Alemaigne fu mors en Frise.* p. 218

Expédition en Frize du roi des Romains. Il charge une bande de paysans armés, tombe dans un fossé bourbeux; il y est tué.

Note. Notice sur Guillaume de Hollande, roi des Romains.

CHAPITRE XXX. *Si come li rois de France revint d'Outre-Mer.* p. 220

Louis IX apprend la mort de sa mère; il revient en France.—Guerre entre le comte d'Anjou et le sire d'Enguien. Thomas de Beaumetz, partisan du premier; comment est terminé le différent. Chagrins de Jehan d'Avesnes, sa mort; Baudouin son frère crie merci à sa mère, qui lui accorde pardon. Le comté d'Hainaut racheté au comte d'Anjou.—De Baudoin, empereur de Constantinople: son mariage. Mort du roi Jehan; prodigalités de Baudoin: il se ruine, et vient en France demander des secours à la reine et au pape. Ce qu'il en obtient. Blanche l'oblige à lui envoyer l'impératrice. Retour de Baudoin à Constantinople: il fait partir sa femme. A la mort de Blanche, le comté de Namur est rendu à l'impératrice. Excès des jeunes Namurois, ils tuent le bailli. Courroux et menaces de l'impératrice.

Notes. Notice sur Thomas de Beaumetz, archevêque de Reims.—Citation des chroniques et annales de Flandres au sujet de Baudouin d'Avesnes.

CHAPITRE XXXI. *Coment Namur fu mise en la main le conte de Lussembourc.* p. 228

Les bourgeois de Namur implorent l'intervention du roi de France; conseil que leur donne Pierre des Fontaines. Ils s'adressent à Henri de Luxembourg, lui font hommage de la ville: l'impératrice met la forteresse en état de défense. Henry garnit la ville et bloque le château. L'impératrice assemble une armée et assiège Namur. Baudouin d'Avesnes obtient une trève. En son absence les Flamands attaquent les troupes de Champagne que commandait le comte de Joigny, détresse de ceux de la forteresse. Henry de Luxembourg s'en rend maître.

CHAPITRE XXXII. *Coment li rois Loëys rendi Normandie au roi d'Engleterre.* p. 233

La conscience de roi Louis IX lui reproche la conquête de la Normandie. Accord avec le roi d'Angleterre: il lui remet ses villes et 200,000 liv., à quelles conditions. Mort de Louis de France: deuil et chagrin du roi: comment l'archevêque Rigaut, le console en lui racontant l'histoire d'une mésange.

Notes. Citation de Joinville sur la restitution de la Normandie; de Daniel sur la mort du fils aîné de Louis IX.

CHAPITRE XXXIII. *Coment li archevesques pierdi la garde de Saint-Remi à Rains.* p. 238

Convoitise de l'archevêque de Reims, Thomas de Beau-

19.

metz ; comment il avait la garde de l'abbaye de St-Remy. Les religieux reconnaissent que la garde appartient au roi, ils s'adressent à Louis IX. L'archevêque est ajourné à comparaître ; information. Comment se défend Thomas de Beaumetz ; jugement de Vilain de Pieronne. Les religieux maintenus au nom du roi en la garde de leur Abbaye.

Notes. Les historiens de Reims ont ignoré ce procès. Charte par laquelle Thomas de Beaumetz a reconnu le droit du roi sur l'abbaye : publication de M. Varin sur l'histoire de Reims : traduction d'une pièce importante de ce procès, retrouvée dans les archives de l'abbaye de St-Remy.

Glossaire.   p. 253

FIN.

www.ingramcontent.com/pod-product-compliance
Lightning Source LLC
Chambersburg PA
CBHW071259160426
43196CB00009B/1351